丽水人说丽水景

胡钰凤　杜　静　主编

知识产权出版社
全国百佳图书出版单位
——北京——

图书在版编目（CIP）数据

丽水人说丽水景 / 胡钰凤，杜静主编 . —北京：知识产权出版社，2019.12

ISBN 978-7-5130-6536-8

Ⅰ.①丽⋯ Ⅱ.①胡⋯ ②杜⋯ Ⅲ.①旅游教育—人才培养—中等专业学校—教材 ②丽水—概况 Ⅳ.① F590-05 ② K925.53

中国版本图书馆 CIP 数据核字（2019）第 229483 号

内容提要

地处浙江省西南边陲的丽水，是一片古老凝重的热土，被誉为"浙江绿谷、养生福地、长寿之乡"，是浙江省旅游业的热门地区之一。作为培养旅游人才基地的丽水中等职业学校，为了培养专业的旅游类服务人才，结合旅游专业职业岗位的要求，以"丽水人说丽水景"为切入点，以认识学校、了解丽水、热爱家乡为着眼点，详细讲述了丽水本土风俗、风情、历史、特色等，从而帮助学生提升旅游专业素养。

责任编辑：李 娟　　　　　　　　　　责任印制：孙婷婷

丽水人说丽水景

LISHUIREN SHUO LISHUIJING

胡钰凤　杜　静　主编

出版发行：知识产权出版社 有限责任公司	网　　址：http://www.ipph.cn
电　话：010-82004826	http://www.laichushu.com
社　　址：北京市海淀区气象路 50 号院	邮　　编：100081
责编电话：010-82000860 转 8689	责编邮箱：laichushu@cnipr.com
发行电话：010-82000860 转 8101	发行传真：010-82000893
印　　刷：北京中献拓方科技发展有限公司	经　　销：各大网上书店、新华书店及相关专业书店
开　　本：787mm×1092mm　1/16	印　　张：12.5
版　　次：2019 年 12 月第 1 版	印　　次：2019 年 12 月第 1 次印刷
字　　数：180 千字	定　　价：42.00 元

ISBN 978-7-5130-6536-8

本书编委会

排名不分先后

主　编　胡钰凤　杜　静

编委会　吴金宸　翁丽芬

　　　　叶　琴

前　言

地处浙江省西南边陲的丽水，是一座休闲生态的城市，是一片古老凝重的热土，被誉为"浙江绿谷，养生福地，长寿之乡"。丽水虽是浙江省旅游业起步最晚的地区之一，但"生态"和"民俗"两张"王牌"却闻名省内外。作为培养旅游人才基地的丽水中职学校，迫切需要一大批了解丽水、热爱丽水、宣传丽水的旅游类服务人才。在编写过程中，我们力求体现以下特色：

第一，地域性与文化性相融。

本书以"丽水人说丽水景"为切入点，以认识学校、了解丽水、热爱家乡为着眼点，介绍了校园文化内涵，提炼了丽水九县市主要景点的特色导游词，概括了丽水本土风俗风情文化。通过学习，学生熟悉和掌握丽水的山水景物，人情文化，从而提升导游素养。

第二，理论性与实践性结合。

本书每个篇章学习目标明确，探究活动丰富，知识拓展广泛。学生做中学，学中悟，通过编写导游词、模拟讲解、收集资料、学习体会等活动内容设计，理论与实践一体，从而有效提高学生的操作技能。

第三，趣味性与可读性交织。

本书图文并茂，可读性强。编排中结合本专业职业岗位的要求，每一单元将设置"趣闻轶事""小试牛刀""情景演练""大战群儒"等板块，采用"学做合一"的模式，从而有效地实现专业知识和岗位任务一体化，同时附有大量实景图片、导游带团实际案例和形象生动的导游词文本，更具趣味性。

本书属于中等职业教育旅游专业限定选修教材，以职校生所处场景的导游讲解任务为切入点，共分三个篇章，十四个单元，课程理论总学时一般为45学时左右，实践总学时一般为45学时左右，具体学时分配如表1所示：

表1　中等职业教育旅游专业限定选修教材内容

篇章	单元	学期分配	建议学时
导游岗位离我们很近——校园导游篇	（1）学生导游岗位规范 （2）欢迎欢送致辞 （3）学校概况介绍 （4）主要区域行进 （5）校区介绍 （6）校园实景导游	第一学期	共18学时 理论：9 实践：9
远方客人请你留下来——丽水导游篇	（1）景点讲解员工作规范 （2）丽水总体概况 （3）主要景区景点导游词 ①秀山丽水，画乡莲都——莲都篇 ②江浙之巅、剑瓷龙泉——龙泉篇 ③五行遂昌、一诺千金——遂昌篇 ④千年古县、田园松阳——松阳篇 ⑤木玩梦乡、童话云和——云和篇 ⑥神奇畲乡、养生福地——景宁篇 ⑦世界青田、石雕之乡——青田篇 ⑧人间仙都、缙云石城——缙云篇 ⑨寻梦廊桥、菇乡庆元——庆元篇	第二学期	共36学时 理论：12 实践：24

篇章	单元	学期分配	建议学时
徜徉生态文化之旅，品味丽水休闲之都——文化导游篇	（1）导游员工作规范 （2）丽水旅行游览 （3）丽水民俗文化 （4）丽水饮食特产 （5）丽水购物娱乐	第三、四学期	共36学时 理论：24 实践：12

本书由丽水市职业高级中学胡钰凤、杜静主编。参加本书撰写人员及其分工如下："导游岗位离我们很近——校园导游篇"由杜静、胡钰凤编写；"远方客人请你留下来——丽水导游篇"由翁丽芬编写；"徜徉生态文化之旅，品味丽水休闲之都——文化导游篇"由吴金宸、叶琴编写，胡钰凤负责本书的统稿和修改。

本书编写过程中，浙江省教育科学研究院教研员张建国老师，丽水市教育科学研究院职教部虞敏科长，旅游教研员应叶燕老师及编者所在学校领导给予了大力支持并提出建议，丽水市旅委培训中心高级导游樊泽伟、丽水市金牌导游梅都、景宁县职业高级中学旅游教研组老师们给予了热情帮助。同时，编者参阅诸多专家的相关文献，在此一并表示衷心感谢！

由于编者的水平有限和时间的仓促，疏漏之处在所难免，在此恳请各位专家和广大读者给我们提出宝贵意见和建议，谢谢大家！

目　录

第三章　淌洋生态文化之旅，品味丽水休闲之都——文化导游篇

第一章
导游岗位离我们很近
——校园导游篇

　　该篇章从校园导游分析入手，以适应导游岗位能力为落脚点，围绕校园的整体文化建设，培养学生的创新和实践能力，强化学生对未来职业——导游的意识，通过本篇章学习，力争全方位优化导游实践能力，其主要任务是将理论知识与实践操作技能相结合，缩短课堂的理论教学和旅游实践之间的距离，培养学生导游专业实践技能。该课程体系包括:学生导游岗位规范、欢迎欢送致辞、介绍学校概况、校区介绍、校园文化讲解、校园实景导游六大单元。

导游，是旅游行程中的向导，也是人生轨迹中的导师。

第一节　学生导游岗位规范

导游乐

我出生那年,老爷子帮我找了一个算命大师给我相面,大师说我面相好,有帝王之气,长大以后出入都有车,走哪儿都得摇旗呐喊,频繁进出各种豪华酒店及名胜古迹,无论走到哪里,都有一大帮人紧紧跟随!后来我就成了导游。

导游人员要保持与行业特点、企业形象相一致的仪容、仪表、仪态,举止大方、端庄、稳重,表情自然、诚恳、和蔼;应穿工作服或指定的服装,服装要整洁、得体;导游人员应注意风度。

一、导游仪容礼仪具体规定

(1)头发应保持清洁和整齐。

(2)牙齿应保持洁净。

(3)为保持面容光泽,女士可施淡妆,但不要浓妆,不当众化妆或补妆;男士应修短鼻毛,不蓄须。

(4)注意手部清洁。

(5)证件佩戴要正确。

二、导游仪表礼仪具体规定

（1）服装的基本原则：和谐原则、得体原则。

（2）服装要求四协调：与身份协调、与身材协调、与环境协调、与节气协调。

（3）女士职业装：兼顾职业特点和女性魅力。

（4）男士穿西装要注意的细节：衬衫、领子、扣子、袖子、领带、口袋、袜子、鞋子。

（5）男士穿西装注意三原则。

① 三色原则：超过三种颜色太杂乱。

② 三一定律：鞋、腰带、公文包一个颜色为首选。

③ 三个错误：袖子上商标没拆；穿白袜子、白皮鞋；没系领带。

知识链接

导游规范是指能够体现导游职业特点的、统一的做法。狭义的导游规范包括以下内容：引导标志、社徽、导游证、话筒持法、所站位置、面对客人、点人方法、上下车做法、面部表情、使用敬语等。

1. 引导标志

导游应左手举导游旗，要保持正直，不要扛在肩上或插在腰带里，不能来回摇晃或拖在地上。

2. 社徽

社徽或旅行社标牌应佩戴在上衣左胸正上方。

3. 导游证

根据规定，导游带团应佩戴导游证（胸卡），导游证（胸卡）挂在脖子上，让其自然下垂在胸前即可。

4. 话筒持法

导游应右手拿话筒（扩音器），应斜拿在嘴边，不要靠在嘴上，也不要遮住面部。

5. 所站位置

在旅游车内，导游应站在旅游车中前部的中间位置（车内过道上）。在景点内，导游应站在游客围成的扇面中心。

6. 面对客人

导游讲解时，导游应面对客人（指点景物时除外）。

7. 点人方法

清点人数时，要使用国际通用的点人方法，以示对客人的尊重。具体做法是：用目光默数，但不能数出声来，切忌用手指指点点。

8. 上下车做法

上车时，导游应站在车门一侧，招呼大家上车，同时帮助年老体弱者登车。下车时，导游应先下车，站在车门一侧，照顾大家下车。

9. 面部表情

导游要坚持微笑服务。

10. 使用敬语

对游客提出要求或者回答游客问题时，导游应使用敬语。

11. 其他注意事项

讲解过程中，导游员不得吸烟、吃东西。

小试牛刀

导游有莙找一找

1. 请看下面几幅图片，说一说导游形象是否符合职业要求？为什么？

2. 案例分析。

阳光旅行社导游员苏小姐，青春妙龄，长得亭亭玉立，家境也颇为殷实，本人喜欢打扮，所穿服饰总是处在时代前列。一次，苏导接了一个境外的旅游团，旅游团成员多为 30 岁左右的女士。当苏导以全身名牌出现在游客面前时，这个旅游团的女士们黯然失色。游览期间，苏导名牌"行头"不断变换，更使旅游团中的那些女士成了她的陪衬者。

在游览过程中，苏导讲解生动、服务周到，但那些年轻的女性游客却不愿与她在一起，苏导自己也有一种被冷落的感觉。

思考：苏导为什么会被游客冷落呢？

情境演练

小组讨论，思考带团过程中，导游员在站、走的基本仪态方面应该注意哪些礼仪规范，比一比哪一小组讲得最完整。

花径不曾缘客扫，蓬门今始为君开。

——杜甫《客至》

第二节　欢迎欢送致辞

趣闻轶事

来自另一座山的问候

我国的一位从事近 40 年导游的英文导游，在同游客告别时，为体现"期盼重逢"，他说："中国有句古语，叫作'两山不能相遇，两人总能相逢'，我期盼着不久的将来，我们还会在中国，也可能在贵国相会，我期盼着，再见，各位！"

也许这位老导游的话和他的热诚太感人了，时至今日，每年圣诞节、新年，贺年卡从世界各地向他飞来，有不少贺年卡，甚至是他一二十年前接待客人的贺年卡，上面工工整整地用英文手写着"Greetings From Another Mountain"（来自另一座山的问候）。

由此可见，一篇讲究艺术的欢送词，情深、意切又有文采的话，会给游客留下多么深远的印象！另外，还有一点要特别注意：有经验的导游在话别游客之后，他们都会等"飞机上天，轮船离岸，火车出站，挥手告别"，才离开现场，"仓促挥手，扭头就走"，会给游客留下"是职业导游，不是有感情的导游"，是"人一走，茶就凉"的导游。我们千万莫当此样的导游！

身体力行

一、欢迎词——行的开始

致欢迎词是给来访学校的客人留下"第一印象"的极佳机会，作为校园导游员应当努力展示自己的艺术风采，使"良好开端"成为"成功的一半"。

任何艺术、技巧，都有一定的"规范"和"要素"，那么，"欢迎词"的"规范"和"要素"是什么呢？

规范化的"欢迎词"应包括五大要素。

（1）问候语：各位来宾、各位朋友，大家好。

（2）欢迎语：代表学校欢迎嘉宾光临。

（3）介绍语：介绍自己的姓名、专业、班级。

（4）希望语：表示提供服务的诚挚愿望。

（5）祝愿语：预祝本次校园游览愉快顺利。

二、欢送词——行的小结

终生难忘的送别是导游接待工作的尾声。这时，导游与来访学校的客人已熟悉，还有的甚至成为朋友。如果说"欢迎词"给客人留下美好的第一印象是重要的，那么，在送别时致好"欢送词"，给客人留下的最后印象将是深刻的、持久的、终生难忘的。有水平、符合规范的"欢送词"，应有五大要素，分别是：

（1）感谢语：对来访嘉宾、陪同的合作分别表示谢意。

（2）惜别语：表示惋惜之情、留恋之意，讲此内容时，面部表情不可嬉皮笑脸，要给客人留下"人走茶更热"之感。

（3）征求意见语：向客人诚恳地征询意见和建议。

（4）致歉语：对参观游览中有不尽如人意之处，祈求原谅，并向客人赔礼道歉。

（5）祝愿语：表达对客人的情谊和自己的热情，期望再次相逢，表达美好的祝愿。

"欢送词"除文采之外，更要讲"情深""意切"，让游客终生难忘。

知识链接

写欢迎词秘诀

欢迎词切忌死板，切忌沉闷，如能风趣、自然，会缩短与游客的距离，使大家很快成为朋友，熟悉起来。除此之外，导欢迎词注意汲取一些谚语、名言，充满文采，会收到很好效果，例如导游欢迎词，可使用"有朋自远方来，不亦乐乎"；"千年修得同船渡"；"有缘千里来相会"。

欢迎词范本：各位嘉宾，上午好！中国有句古话"有朋自远方来，不亦乐乎"。我叫×××，大家可以称呼我×导或者小×，是丽水职高旅游专业的学生。在这里，我谨代表丽水职高全体师生向您的到来表示最热烈的欢迎。今天能够陪同大家一起参观我们校园我感到非常荣幸。我怀着无比喜悦的心情为您开启本次校园文化之旅，希望通过我的讲解，不仅能使您看到我们丽水职高美丽的校园风景，同时也可以让您感受到我们学校深厚的文化底蕴。在游览过程中如果您有什么疑问或意见请一定提出来，我会尽力为大家解答，衷心希望您在我校游览期间能够过得开心、愉快，接下来由我带领大家一起游览这美丽的校园风光。

小试牛刀

大量阅读各类欢迎词范文，学习编写属于自己特色的介绍词。

情境演练

1. 整理自己搜集的欢送词资料，撰写一篇校园导游欢送词。

2. 模拟讲解：致欢迎词。

正值青春的我们如花儿，

生长在这样美丽的校园，

青春的美丽在美丽中绽放。

第三节　学校概况介绍

趣闻轶事

丽水市职业高级中学校徽

你知道校徽（见图1-1）的寓意吗？

校徽核心理念：以人为本、手授心传、生生不息。

校徽创意元素分别来源于LS，太极，双手，瓯江，人，书籍等，传达出丽水职高的"校园和合文化"的多层含义。校徽中的"L、S"出自"丽水"中文拼音Li Shui的首字母，代表了职高地处丽水的地域性。外形是"太极"图案，蕴含了学校师生之间教学相长、磨合互动，实践和理论相结合教学模式；太极也包含了"道生万物、生生不息、发展永续"的学校愿望。手，代表手艺、能手、技能等，体现职业学校动手的特点。太极中一双衔接的双手，诠释了学校和谐互动的师生关系，"手授心传"育人思想。笔墨图形代表丽水瓯江，笔墨渲染了学校教书育人、泽润四方的人文氛围；同时也

图1-1　"丽水市职业高级中学"校徽

寓意丽水职高继往开来，滔滔不绝的发展。校徽中的圆点起到了画龙点睛的作用，塑造出一个蓄势待发的"人"的形象，传达了学校"以人为本"的办学理念，也传达校园青春活力的面貌和光明前景。书和手相结合，表达学校"知识改变命运，技术创造财富"的理念，也直观体现学校的概念。校徽中运用了代表温暖的黄色、代表着健康活力的绿色和代表着智慧和创新的蓝色。

身体力行

一、丽水职高　魅力校园

宛转婀娜的瓯江孕育秀山丽水，钟灵毓秀的处州滋长养生福地。在这群山叠翠，苍绿盈野的"中国生态第一市"，闪耀着丽水市职教中心、丽水市职业高级中学这颗璀璨的职教明珠。

这里是雏鹰展翅的高地，这里是梦想起飞的舞台。丽水市职教中心、丽水市职业高级中学是丽水市区目前规模最大的一所中等职业学校，也是丽水市教育局唯一的一所直属公办国家级重点职业高中。是丽水市首所国家千所改革示范建设项目学校、浙江省中职学校 30 强、浙江省中等职业教育专业课程改革基地学校。2009 年 12 月，学校整体搬迁到位于市区北部的丽水市教育园区内的新校区。新校区总投资 2 个多亿，总占地 202 亩，建筑面积 73910.4 平方米，学校现有 74 个班级，全日制在校生 3283 人，教职工 254 人。

校园内自然环境优雅，红花绿树，绿草茵茵。漫步校园，给人感受到的是学校蓬勃向上的气息和无比宏伟的气魄。设施先进，宽敞明亮的教学楼、实训楼；宁静高雅、古朴而现代的行政楼、图书馆；结构新颖、整洁卫生的学生公寓、教师公寓、食堂；400 米标准田径运动场、内设 3 个篮球场、12 个羽毛球场的大型现代体育馆，这些教育教学设施充分满足了学生学习、活动、生活的需要，构建起一个魅力无限的现代化校园。

二、丽水职高　实力校园

学校拥有一支思维创新，精通职业教育的管理团队；一支团结奋进，勤劳务实的师资团队；一支吃苦耐劳，乐于奉献的后勤团队。他们共同开拓丽水市职教中心、丽水市职业高级中学的新时代职业教育之路。学校设有数控技术应用、电子与信息技术、烹饪、旅游、汽车运用与维修、综合教育等 8 个专业大类，其中电子与信息技术、数控技术应用、烹饪专业为省级示范专业。

　　这里有高标准建设的实训基地，其中丽水市山海协作职业技能培训基地累计投资 4217 万元，被列为中央财政职业教育专项资金扶持的实训基地、浙江省首批综合性公共实训基地。另与丽水市汽车运输集团合作，投资 9880 万元兴建丽水市职业教育实训基地，实行产、教、研结合。雄厚的实训设备力量，基本上满足了学生实习实训的需要。

　　这里有一流的信息化教学设施。校园网络技术先进，实现千兆接入；拥有 1105 台计算机，12 个专业计算机教室，所有教室配备了多媒体教学设施。

　　这里有广泛的校外实习（见图 1-2）基地，与纳爱斯集团、浙江方正电机有限公司、宁波新海电气股份有限公司、杭州统保家电维修有限公司等众多大规模企业建立实习基地关系，既为企业培养了一大批技术骨干，又

图1-2　校外实习

提高了学校的办学效益，开创了学生实习、实训工作的新局面。

三、丽水职高　创新校园

　　丽水市职业高级中学自创办以来，不断完善自我，创新举措，凭着山里人的气魄、智慧与实干，为求得突破独辟蹊径，为出精品千锤百炼。

　　学校在管理思路上，创新德育模式，培养健康自主的人，为学生搭建自主教育平台，由学生会自主管理主战场。全面实行德育导师制，教师与学生结对，

经常性开展帮学帮教活动，并出台党员结对寝室联系"贫困生、学困生、后进生"等制度；创新学部管理模式，理顺管理体制，按照专业类别及规模划分为机电化工、交通商贸、餐旅幼教三个学部。

在发展思路上，创新人才培养模式，打造"丽水技工"品牌，让学生在校内实训基地接受丰田模式系统训练，实施"课题教学"；创新校企合作模式，与企业联合办学，共同建立实训基地，成立研发中心，积极开展学生顶岗实习与"订单式培养"，并邀请企业骨干技术人员任教、邀请企业管理者来校讲座。

另外，学校为了提升教师整体素质，创新师资培训模式，搭建教师成长的立体平台，创造性地提出了"案例教学＋行动研究"校本培训模式。该课题获浙江省科研课题一等奖，被丽水市教研部门作为典型进行推广。经过几年的努力，学校一跃成为丽水职教系统中唯一拥有省特级教师、高级技师的学校和高级人才最多的学校。

"以生为本，为地方经济建设服务"，这是学校不懈的追求。丽水市职教中心、丽水市职业高级中学不断创新就业服务机制，搭建学生创业创新平台，共建立 100 余个校外生产实习基地，构建了稳定的就业网络。同时，学校还依托"山海协作工程"，拓宽学生就业渠道。学校每年为嘉兴、宁波输送 1000 名技工人才。近三年来，学校的学生就业率保持在 98% 以上；在提高社会服务功能上，不断创新培训模式，充分利用师资、实训基地优势，面向社会开展大量的培训工作。近三年年平均培训人数达 5000 人以上，因此被授予"浙江省中小企业职工培训示范基地""浙江省企业经营管理人员培训基地"等多项称号。

种种创新，成效卓绝，不断推动着丽水市职教中心、丽水市职业高级中学的发展。近三年，学生职业资格中级证考取率达 96.58%，有近百人次在国家、省、市组织的技能竞赛中获奖。在丽水市中等职业学校师生技能竞赛中，学校总成绩连续四年稳居第一。

近年来，学校多项科研成果在全国、省、市获奖；10多项省市级科研课题获奖；教师撰写的300多篇教育教学论文分别获得国家、省、市各级奖项；3名教师获得省级技术能手称号，13名教师获得市级技术能手称号。

四、丽水职高　活力校园

学校拥有内涵丰富的校园文化。每一个教室，每一个寝室，每一个实训场所，都散发着青春的气息，学生们在挥洒着青春的汗水。

正像学校的校歌所唱："三乐桥上留驻美丽的心情，九思亭边放飞求知的渴望；实训楼里留下拼搏身影，文心湖畔荡漾自豪的歌唱。"这是一个充满活力的校园。

学校在源远流长的中国传统文化思想的浸润下，结合自己的办学特色，提炼出以和合文化为灵魂的"一训三风"。校训：立于信，强于技，达于和。校风：求真务实，自然宽和。教风：耐心施教，爱心育人。学风：我快乐，我学习；我学习，我快乐。

快乐工作，快乐学习，和谐相处，幸福生活。是学校倡导的校园生活主旋律。

传统保留项目田径运动会、元旦文艺会演（见图1-3）年年精彩纷呈；一年一届的校园技艺节，是一场技能运动会，是师生才艺大比拼，人人参与，人人都能展示风采的大舞台；30多个社团，雨后春笋般常年活跃在校园，有声有色地活动，让师生滋养身心，释放活力。

图 1-3　2019 年元旦文艺会演

充满人文的校园，让青春在这里尽情释放，让梦想在这里启航！

五、丽水职高　闪耀的明珠

怀揣拮据不堪的家底，前路是波谲云诡的职业教育改革大潮，从 20 世纪 60 年代的"五七"五校，历经 3 次易址，丽水市职教中心、丽水市职业高级中学以独有的气质，勤劳务实，改革创新，已然发展成今日这艘职教航母！

而今学校将立足丽水，服务浙江，面向全国，把学校真正建设成为一个培养中高级丽水技工的摇篮，一个成就企业家的摇篮，一个学生实现梦想的摇篮！

四十不惑，丽水市职教中心、丽水市职业高级中学历经四十余年的发展，三易其址，全校教职工以独有的气质，勤劳务实，改革创新，与时俱进，和着职业教育发展时代节拍，沐浴着改革开放的春风，发展成今日丽水市的这艘职教航母。

长风破浪会有时，直挂云帆济沧海。而今学校以创建全国千所中职改革发展示范校为目标，加强学校内涵建设，提高提高师资整体水平，创建品牌学校，强化校企合作。立足丽水，服务浙江，面向全国，把学校建设成为培养中高级丽水技工的摇篮，一个成就企业家的摇篮，一个学生实现梦想的摇篮。

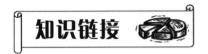

三实三气三强

同学们，你们知道我校的"三实三气三强"指的是什么吗？我校的具体目标是打造"三实三气三强"丽水技工品牌。

三实：心灵诚实、生活朴实、做事务实；三气：秉承正气、胸怀大气、待人和气；三强：动手能力强、适应能力强、服务意识强。

根据收集的学校介绍资料，撰写一段介绍校园概况的导游词。

情境演练

1. 分组模拟讲解：学校概况。

项目	内容和要求	分值	得分
校园讲解	讲解内容： （1）健康、完整、准确（10分）； （2）与时俱进、主旨突出、通俗易懂（10分）	20分	
	讲解技巧： （1）生动（3分）； （2）角度新颖（4分）； （3）有一定深度（3分）	10分	
	讲解结构： （1）层次分明（3分）； （2）结构清晰（4分）； （3）逻辑性强（3分）	10分	
	语言表达： （1）语音标准、语法正确（6分）； （2）口齿清楚，肢体语言规范（4分）	10分	

2. 学唱校歌《奔向辉煌》，举行合唱比赛。

校歌《奔向辉煌》

（合）瓯江的浪，

追逐着绿谷的太阳，

白云山的风，

吹拂着年轻的脸庞，

踏着阳光花香，

走进学习殿堂，

我们意气风发，

奏响那青春的乐章。

（女）三乐桥上留驻美丽心情，

（男）九思亭边放飞求知的渴望。

啦啦啦啦啦啦啦，

啦啦啦啦啦啦啦，

我们快乐学习学习快乐，

学有所长，

啦啦啦啦啦啦啦，

啦啦啦啦啦啦啦，

道路越走越宽越走越宽。

越走越宽广。

（合）瓯江的浪，

扬起了奋进的双浆，

白云山的风，

托起了勇敢的翅膀，

带着无尚荣光，

走进创业摇篮，

我们自强笃行，

追寻那理想的方向。

（男）实训楼里留下拼搏身影，

（女）文心湖畔荡漾自豪的歌唱。

啦啦啦啦啦啦啦，

啦啦啦啦啦啦啦，

我们求真务实，

自然宽和。

明德精技，

啦啦啦啦啦啦啦，

啦啦啦啦啦啦啦，

明天奔向辉煌奔向辉煌。

奔向辉煌。

啦啦啦啦啦啦啦，

啦啦啦啦啦啦啦，

我们求真务实，

自然宽和。

明德精技，

啦啦啦啦啦啦啦，

啦啦啦啦啦啦啦，

明天奔向辉煌奔向辉煌。

奔向辉煌。

心在路上，灵魂在梦里。

第四节　校区介绍

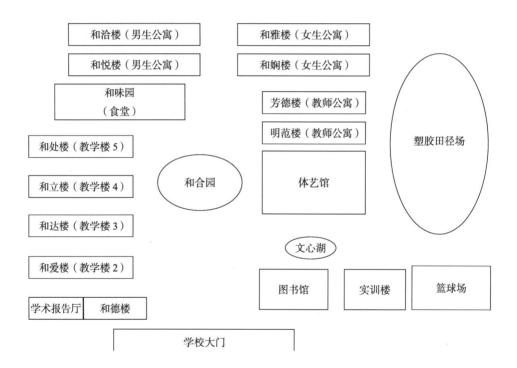

趣闻轶事

学长手绘萌版校园地图　卡通人物带你"逛"川农

近日，一张萌版校园地图出现在和四川农业大学相关的微博上，引起了众多同学转发。地图名叫"萌美农"，仔细地绘制了四川农业大学3个校区的各个角落。

哆啦A梦、忍者神龟、火影忍者、七龙珠……这些"卡通明星"们全部聚齐的这套川农萌版校园地图上，有了这些熟悉的"小伙伴"指引，新生们再也不用担心自己在校园里迷路了！不仅如此，这套萌版地图还绘制出了"舌尖上的校园"。细数之下，仅四川农业大学雅安校区老区的地图上，就有50个左右的卡通人物跃然纸上。

如此呆萌的一套地图到底是谁绘制的？让人意想不到的，地图的绘制者竟是四川农业大学的3名男生。

据负责人之一的罗彬介绍，他和何晓俊、李雨杰自主创业，成立了一个校园工作室。"考虑到新入学的学弟学妹们多是1995年左右出生的，他们或许更倾向于比较Q萌的东西，所以决定做萌版地图。"罗彬说，就这样，三人一拍即合。耗时大约15天，第一张"萌农美"——四川农业大学雅安校区老区的萌版地图出炉。罗彬赶紧将地图发布到了贴吧、新生QQ群和微博上，呆萌的地图吸引了众多同学转发，甚至吸引到小学妹来点赞。

根据校园导览图，利用课余时间逛一逛校园，找出相对应的建筑物名。

旅游线路设计原则

旅游线路设计的基本原则有以下三点。

1. **以满足游客需求为中心的市场原则**

旅游线路设计的关键是适应市场需求，具体而言，即是它必须最大限度地满足旅游者的需求。旅游者对旅游线路选择的基本出发点是：时间最省、路径最短、价格最低、景点内容最丰富，最有价值。

2. **人无我有，人有我特的主题突出原则**

世界上有些事物是独一无二的，如埃及的金字塔、中国的秦始皇兵马俑，这就是特色。由于人类求新求异的心理，单一的观光功能景区和游线难以吸引游客回头，即使是一些著名景区和游线，游客通常观点也是"不可不来，不可再来"。因此，在产品设计上应尽量突出自己的特色，唯此才能产生较大的旅游吸引力。

3. **旅行安排的顺序与节奏感原则**

一条好的旅游线路就好比一首成功的交响乐，有时是激昂跌宕的旋律，有时是平缓的过度，都应当有序幕—发展—高潮—尾声。在旅游线路的设计中，应充分考虑旅游者的心理与精力，将游客的心理、兴致与景观特色分布结合起来，注意高潮景点在线路上的分布与布局。旅游活动不能安排得太紧凑，应该有张有弛，而非走马观花，疲于奔命。旅游线路的结构顺序与节奏不同，产生的效果也不同。

手绘一幅校园地图，并设计一条校园游览路线。

情境演练

1.为你设计的游览路线取名，同学间比一比，看谁的游览路线名称最吸引人。

2.举行"画笔上的校园"活动，绘制一幅"萌职高"，尽展校园风采。

人是文化的创造者，也是文化的宗旨。

——高尔基

第五节　校园文化讲解

"和""合"二仙

寒山、拾得皆为唐朝贞观年间人，二人佛法高妙，更兼诗才横溢，佛门弟子认为他们分别是文殊、普贤菩萨转世。

寒山、拾得二人踪迹怪异，其典型形象总是满面春风，拍掌而笑，一持荷花，一捧圆盒，意为"和（荷）和（盒）好"，民间奉为"和""合"二仙。旧时婚礼上，喜堂高挂二仙神像，寓意和气好合。乾隆的父亲雍正皇帝敕封寒山为"和圣"，拾得为"合圣"。

唐代丰干禅师，住在天台山国清寺，一天，在松林漫步，山道旁忽然传来小孩啼哭声音，他循声一看，原来是一个稚龄的小孩，衣服虽不整，但相貌奇伟，问了附近村庄人家，没有人知道这是谁家的孩子，丰干禅师不得已，只好把这男孩带回国清寺，等待人家来认领。因他是丰干禅师捡回来的，所以大家都叫他"拾得"。

拾得在国清寺安住下来，渐渐长大以后，上座就让他担任行堂（添饭）的工作。时间久后，拾得也交了不少道友，尤其是：其中一个名叫寒山的贫子，相交最为莫逆。因为寒山贫困，拾得就将斋堂里吃剩的渣滓用一个竹筒装起来，给寒山背回去用。他二人真可谓贫贱之交，丰干禅师见他俩如此要好，便让寒山进寺和拾得一起当国清寺的厨僧，自此后，他俩朝夕相处，更加亲密无间。

身体力行

我校校园文化建设以和合文化为主题，用以培育优良的校风、教风、学风。"和合"观是中国传统文化的基本精神之一。"和"是指和谐、和平、祥和；"合"是指结合、融合、合作。"和合"强调多样性的统一，体现职业学校的办学"多元化"。我校的建筑、绿化带大都以"和"为命名的开头。

校园中有一个和合雕塑，以我校校园文化精神"合作、和谐"为创作构思，融合现代表现手法设计而成。通过真诚的合作赋予了作品丰富的内涵，它包含了校企之间的合作，师生之间的合作，通过平等对话、交流、融洽、理解搭建了心灵沟通的纽带，体现了一种和谐之美，倾力培育具有一技之长的现代公民，为师生的幸福人生奠基。

知识链接

寒山问拾得对录

昔日寒山问拾得曰：世间谤我、欺我、辱我、笑我、轻我、贱我、恶我、骗我、如何处治乎？

拾得云：只是忍他、让他、由他、避他、耐他、敬他、不要理他，再待几年你且看他。

意思是：

有一天，寒山问拾得说："如果世间有人无端的诽谤我、欺负我、侮辱我、耻笑我、轻视我、鄙贱我、恶厌我、欺骗我、我要怎么做才好呢？"

拾得回答道："你不妨忍着他、谦让他、任由他、避开他、耐烦他、尊敬他、不要理会他。再过几年，你且看他。"

小试牛刀

请你将校园文化融入学校概况导游词创作中，丰富导游词。

情境演练

1. 小组讨论，思考为什么学校要以"和合文化"为校园文化中心。
2. 模拟讲解：校园文化。

生活中从不缺少美，而是缺少发现美的眼睛。

——罗丹

第六节　校园实景导游

身体力行

丽水职高导游词

各位嘉宾，大家好！现在大家所看到的是一个崭新的丽水职高校园。新校区投资 2.086 亿，于 2005 年启动了校区迁建工作，2009 年 12 月，学校整体搬迁至此，目前，学校总占地 202 亩，建筑面积 73910.4 平方米，新校园自然环境优雅，红花绿树、茵茵绿草，总绿地率达到 35.10%。学校布局合理，分办公教学、实训、图书信息、体育运动、师生生活等相对独立的区域，使学校占地面积和建筑面积得到了充分合理的利用。2014 年学校作为国家第二批改革发展示范学校，已通过验收。学校设有加工制造、信息技术、旅游服务、交通运输、综合教育等 8 个专业大类。其中电子与信息技术、数控技术应用、烹饪专业为省级示范专业，汽车运用与维修、学前教育、旅游服务与管理为市级骨干专业。

【汽修创业园】

各位嘉宾，现在我们来到的是丽水职高汽修专业学生创新创业园（见图 1-4），该创业园于 2013 年 12 月开始筹建，2014 年 5 月投入使用，建筑面积约 1000 平方米。在丽水市伊翔汽车销售服务有限公司的大力支持下，由丽水市职业高级中学与丽水市职业教育实训基地共同投资建设，是集学生创新创业、实习实训、综合服务于一体的学生创新创业校企合作实训基地。按照功能划分，分为展示区、模拟区及教学区。汽修专业创新创业园采用股份制经营模式，集合企业、教师、学生资源市场化运作。基地建设就是要通过吸引区域行业企业，面向丽水地方行业产业，打造产学研联合发展平台，加强学生创新创业锻炼，提高学生实践应用能力,提高学校办学水平。下面就请大家随我进入校园内参观。

图 1-4　丽水职高汽修专业学生创新创业园

【和合文化】

大家请往右边看，这是我校标志性雕塑——和合。我校校园文化建设以和合文化为主题，用以培育优良的校风、教风、学风。"和合"观是中国传统文化的基本精神之一。"和"是指和谐、和平、祥和；"合"是指结合、融合、合作。"和合"强调多样性的统一，体现职业学校的办学"多元化"。我校的建筑、绿化带大都以"和"为开头。

【实训中心】

培养高素质的技术工人，创办高质量的职业学校，实训基地建设是关键。

但建造实训基地资金是一个难题，我校睿智地搭上了"浙江省山海协作工程"的便车，于 2004 年通过山海协作工程，在宁波、嘉兴两市的援助下启动校内实训基地建设。

山海协作工程是浙江省为实现区域协调发展而采取的重大战略措施。山是指浙西南山区和舟山海岛为主的发达地区；海是指沿海发达地区、市。我校山海协作既是由他们提供技术、资金支持，我们为其输送高素质的劳动力，实现共同发展。

随后，中央、省、市给予大力扶持，该基地先后被列为中央财政职业教育专项资金扶持的实训基地、浙江省首批综合性公共实训基地，2007 年、2010 年被列为国家扶持项目，目前设备总值已达 4217 万元，建成下设数控、机械电子、汽车运用与维修、烹饪等四大实训中心，成为浙江省一流的现代化实训基地（见图 1-5）。并先后获"浙江省先进制造业基地培训示范基地""浙江省中小企业职工培训示范基地""丽水市安全生产培训基地""丽水市专业教师培训基地"等荣誉称号。

现在我们来到的是校企合作标识墙，主要有各大知名汽车销售公司、宾馆酒店、旅行社、广告公司、电气公司等。

在实训基地里，我校强调的是学生"思考思索，学知学真，动脑动手，实验实践"。为加强对实训中心的科学管理，学校成立了实训管理中心，还制订了一整套科学而严谨的管理制度，积极推行以"整理、整顿、清扫、清洁、素养、节约、安全"为内容的 7S 管理，保障了实训中心正常运行，使实训中心在职业教育、技能培训等方面发挥出最大的功用。

图 1-5　实训基地

【数控实训中心介绍】

我们现在来到的是机电实训中心。该实训中心建成于 2010 年 9 月，数控实训中心总面积为 2300 多平方米，开辟有南北三楼 CAD/CAM 软件应用实训室、数控仿真实训室、公差配合与测绘实训室、机械装调实训室、钳工实训室、电工电子实训室，一楼数控车床实训区、数控铣床（加工中心）实训区、特种加工实训区，普车实训区、普铣实训区，对面基地创新创业孵化区、焊工实训室。每个实训室、实训区按照理实一体化布局，融合了 7S、励志、态度、团队、质量、目标等校企文化。设有小组讨论区、网络资讯区、操作区。能同时满足 530 人进行专业理论和技能操作训练一体化教学。实训中心基础设施完善，设备性能先进，能充分满足机械类专业工种的实训教学和职业技能培训鉴定需求。

【汽修实训中心介绍】

我们现在来到的就是汽车实训中心（见图 1-6），该实训中心成立于 2010 年
2 月，总面积约为 2000 平方米，实训室设备总值约为 500 万。这是我校汽修专
业与丽水当地知名汽车企业、汽车协会合作办学的一个后备人才培养基地。推
行的是先进的"丰田教学模式"。一人一岗、一岗一机，理实一体，强化技能培训。
中心成立之初属于传统的分区域教学模式，分为汽车电气、汽车发动机、汽车
底盘三大区域。随着近两年学生数的增加以及实训设备的扩充，传统实训基地
在教学管理等方面存在明显不足。2012 年开始，我校借创建国家 1000 所改革
示范校的契机，学校对实训中心做出重新规划，建设了以汽车发动机、汽车底盘、
汽车电气、电器元件、汽车仿真实训等项目为导向的理实一体化实训室，同时

图 1-6　汽修实训中心

建设一体化课程同步配套教学资源管理平台，引进国家改革发展示范校目前正在大力推广的专业教学课程资源。经过两年的建设，目前为止实训中心总资金投入约 800 万元。

【电子电工实训中心介绍】

电子电工实训中心(见图 1-7)包含了电力拖动排故、电子工艺、电力拖动接线、制冷与空调、光电一体化五大实训室。主要设备有 YL–121 型 X62W 万能铣床、YL–122 型 T68 镗床、YL–123 型 M7120 平面磨床、YL–125 型 Z3040 摇臂钻床、YL–131 型 B2012 龙门刨床等，总价大约在 117 万左右。主要适用于电气运行与控制、电子技术应用等专业学生的焊接工艺及电力拖动接线实训使用。可完成的项目有：气动系统、机电设备、自动控制系统的安装与调试；电气控制电路的安

图 1-7　电子电工实训中心

装和 PLC 程序编写。这些装置融合了流体力学、热力学、传热学和电气控制等技术，强化了学生对空调冰箱系统管路的安装、电气接线、工况调试、故障诊断与维修等综合职业能力，满足实训教学、实际工程训练及职业技能竞赛的需要。这里作为 2010 年市级技能竞赛的场地，在比赛中担当了重要的作用。

【烹饪专业实训室简介】

丽水职高烹饪专业师资力量雄厚，我校吴卫杰老师早在 2002 年获得了浙江省中等职业学校烹饪专业比赛一等奖；国家级中等职业学校果蔬雕刻三等奖。蓝丽健老师在 2008 年获得了浙江省中等职业学校烹饪专业比赛一等奖；国家级中等职业学校果蔬雕刻三等奖等。同时，我校近几年培养了一批又一批烹饪专业的人才，每年培养出来的学生供不应求。

我校烹饪专业的实训室（见图 1-8）位于实训南楼的 4 层和 5 层，包含冷拼实训室、雕刻实训室、刀工实训室、烹调示范室、西餐烹调室、中餐实训室、面点实训室。在这里学生不但要系统掌握烹饪基础理论基本知识，而且要具有熟练的烹饪工艺技能，通晓餐饮业服务行业的内容和程序，有一定的餐饮企业管理知识和能力、文化素质和创新精神。

图 1-8　烹饪专业实训室

我校烹饪实训室除了可以进行与课程相关的技能训练之外，结合现有的国家职业技能鉴定站，也可完成对中式中级烹调师、西式中级烹调师、中西面点中级师的考证工作。同时，这里也是各中职院校开展烹饪大赛的重要场所。

【体艺馆、运动场】

俗话说，生命在于运动，我校十分注重学生的体育锻炼，每天早晨全体住校生都要进行晨跑，上午两节课后就有半小时的跑操时间，下午放学后也要分学部进行跑步锻炼，鼓励学生休息时间走出教室，真正地动起来。

在体育基础设施配套建设上，我校设有一个集篮球场、羽毛球场、形体房、舞台等多功能于一体的体艺馆（见图1-9），多个室外篮球场，网球场，其中400米的标准田径场于2011年7月正式投入使用，跑道为全塑胶场地，草皮为专业足球比赛设计，这里还曾经作为全省中学生足球联赛的承办场地。

图1-9　电子电工实训中心

【公寓区】

我们现在来到的就是公寓区（见图 1-10），设有高标准学生公寓 4 幢，共 504 间，可容纳 4000 余名住校学生，女生宿舍——和娴楼、和雅楼，男生宿舍——和洽楼、和悦楼。同样标准配置的教师公寓 2 幢——芳德楼、明范楼，供教师午间及值周休息；学校还配有超市、浴室、台球室、乒乓球台等设施，充分满足广大师生的学习、工作、生活方方面面的需要。

图 1-10　公寓区

【爱心洗衣房介绍词】

现在我们来到的是学生创业基地。在这幢寝室楼下的爱心洗衣房是我校学生勤工俭学、创新创业、参与社会实践、参加生产劳动的最好德育实践基地之一。我校有将近 4000 在校师生，其中 70% 即是住校师生。虽然住校条件十分优越，但因天气季节变化等原因，广大师生对洗衣、晒衣、补衣、脱水、实训服污渍处理等服务都有迫切需求，因此学校开设洗衣房，由勤工俭学学生负责管理和经营，为全校师生提供洗衣服务，为贫困生提供勤工俭学岗位和生活补助。

【家电维修工作室】

丽水职高家电维修工作室前身是丽水职高家用电器维修服务部，创建于 1993 年 8 月。家电维修工作室自成立以来一直为全校师生承担着各种电器的免费维修服务，为全校师生提供了方便。家电维修工作室一直秉持着"发扬雷锋精神，展现职高学生风采"的宗旨，多次在校内外举行了形式多样的义务维修活动，几年来为广大师生维修了 100 多件的大小电器，每年 3·5 学雷锋日都代表学校上街为民服务，受到社会一致好评。

【DIY 布艺馆】

各位嘉宾，为提升师生创新创业能力，我校和杭州乐米动漫有限公司联办创设了 DIY 布艺馆（见图 1-11）。DIY 是时下创业领域中比较流行的关键词，是英文 Do It Yourself 自己动手）的缩写。该项目依托我校现有的校内实训基地，注重实践性和创业效果，能很好地营造学生创新创业的氛围，激发他们的创新创业热情，培养创新创业的能力，同时也为把我校的电子商务专业做大做强积累强有力的实践经验。

图 1-11　DIY 布艺展示

【格子铺】

格子铺，隶属于淘宝工作室下的市场营销实战场所，其经营模式是以单个格子为单位，出租给需要寄卖东西的学生，租客在完成进货、铺货后，仅需支付每月 50~100 元不等的租金即可，而店铺日常管理如条码制作、日常销售、货物上架等均由店铺管理人员完成。这一经营方式，能够以超低成本，使学生拥有自己的"小店铺"，并将课堂所学的市场定位、市场分析预测、产品定位、价格设置、促销活动设计等市场营销专业知识运用于实际。同时，店铺管理人员也均为在校学生。通过日常经营实践，培养学生使用管理系统、条码生成设备、射频设备等技术。同时，以实战形式，锻炼学生经营管理能力。

【忆点小屋】

忆点小屋是在丽水市职业高级中学建立的首家学生自主创业的甜品店。

经营产品有中式面点和西式糕点 2 大类，中式点心有煎饺、甜包、菜包、奶黄包等，西式糕点（见图 1-12）有慕斯蛋糕、芝士蛋糕、曲奇饼干、手指饼干、蛋挞等，此外还有西瓜汁、苹果汁、雪梨汁、香蕉奶昔等，绝对让你垂涎欲滴，回味无穷。忆点甜品除了由烹饪专业学生提供自制甜品外，还可以让本校有兴趣的学生亲自体验动手制作个性甜品的乐趣，通过忆点给亲朋好友带去一份惊喜。产品除了现场销售方式以外，还可接受电话预订，送货上门的服务。

图 1-12　甜品展示

【和味园】

　　各位嘉宾，走过寝室，眼前看到的就是整洁卫生的食堂，名为和味园。和味，取调和五味之意，人生五味酸甜苦辣咸，让自己的心豁达一些，不要太在意个中滋味。取名既显餐厅功能，又暗含包容之意。

【和合园】

各位嘉宾，在大家的左边我们现在看到的美丽公园名为和合园（见图 1-13）。和合是中国传统文化和谐与合作的象征，据说"和合二仙"是天台山的僧人，他俩和睦相处、宽容谅解的佳话被千古传诵，取名和合园是希望通过校园文化建设弘扬这种和合精神，让师生间、同学间相处得更愉快。

图 1-13　和合园

和合园中的小亭名叫九思亭，出之《论语》，孔子曰："君子有九思：视思明，听思聪，色思温，貌思恭，言思忠，事思敬，疑思问，忿思难，见得思义。"用"九思"来命名此亭，是要我们铭记孔子的箴言，做事都要反复多方面去思量，凡事都要九思，不要鲁莽冲动。南宋的哲学家、教育家朱熹也讲过："九思终有益，百忍自无虞。"

　　和合园中小桥名叫三乐桥（见图1-14）。名字出自《孟子·尽心上》，孟子曰："君子有三乐，父母俱存，兄弟无故，一乐也；仰不愧于天，俯不怍（zuò）于人，二乐也；得天下英才而教育之，三乐也"。这正是"教育"二字最早的出处，一乐家庭平安；二乐心地坦荡；三乐"教书育人"，学校最重要的使命之一就是"教书育人"，将这座桥取名为"三乐"桥，意在强调我们职高"教育"的核心地位，并且能够让在职高读书的学生、工作的老师都能获得最大的快乐。

图1-14　三乐桥

　　园中六根文化柱分别代表了健、信、善、知、勤、谦。希望我们职高学子要有强健的体魄、谦逊祥和的品格，勤奋地学习知识和技能，待人处世真诚、和善，做一个讲文明、懂礼仪的新时代职高青年。

【影视工作室介绍】

各位嘉宾，现在我们来到的是丽水市职业高级中学影视制作工作室（见图1-15）。目前影视工作室共投入资金40多万元，面积200平方米。影视工作室分成三大块：第一块是摄影工作室，实现毕业照、个人艺术照、毕业影集等拍摄；第二块是校园电视台，每两周举行一次校园电视台节目录制及现场直播，针对校园里发生的一些事情拍摄制作成影视动画，进行宣传与教育，如校园新闻、中央台的《我爱发明节目之地沟油现形记》的转播等；第三块是影视后期动画编辑制作，主要承担校园建设、专业建设、课程建设相关视频的日常拍摄工作及影视制作后期动画制作竞赛等工作。在最大限度地发挥自身优势，尽力挖掘潜力用好资源的同时，工作室将借势借力，开拓外校有益资源，与丽水市阿伟电脑图文设计工作室合作，组成拍摄组，到外地拍摄电影，视频等；与丽水电视总台合作，聘请电视台知名记者、主持人、编辑来辅导校园电视台师生成员，

图 1-15　影视工作视

提升他们的职业素养；与丽水日报社合作，聘请胡宝伟总经理给学生上摄影摄像技术课程，全面提升学生的专业技术；此外，还发挥着为参加职业技能鉴定培训的学员提供准考证等证件照拍摄的社会服务功能。

【教学楼】

我们现在来到的就是教学区，在大家右边的这四幢教学楼的命名也与和合文化相呼应：分别是和处楼、和立楼、和达楼、和爱楼。4幢结构新颖、宽敞明亮的普通教学楼和实训教学楼展现在我们的眼前。64个普通教室均设有多媒体讲台、教学电子白板、55寸的液晶电视机，可实现多媒体教学，同时为提高教师办公效率，为全体教职工配备了19寸液晶电脑。学校现有74个班级，学生3283人，在职教职工254人，高级技师、技师49人，研究生22人，省市级技术能手14人，"双师型"教师达81%。

【图书馆】

左手边看到的就是我校宁静高雅的图书馆，一楼是多功能厅（见图1-16）、心理咨询辅导中心、丽水市未成年人心理健康辅导中心，二楼为师生阅览室、电子阅览室、休闲室，三楼是茶艺实训室、校史陈列馆、教师室内健身中心，以此来丰富师生课余文化生活。

现在我们来到的图书馆二楼，配有两个电子阅览室，共有电子阅览计算机300台，拥有电子图书10万册。下面请随我进入师生休闲室。首先映入眼帘的是丽水各地名特产，比如丽水莲都的小吃知了，处州白莲，缙云土索面，庆元香菇酱，景宁惠明茶，遂昌的番薯干、竹炭花生和龙谷丽人茶，龙泉青瓷和宝剑，还有我们本土著名品牌纳爱斯。该休闲室分为两大区域，右边为咖啡吧，左边为古色古香的茶室。大家请往里走，正前方墙上秀美如画的景色正是丽水游玩的大好去处，比如青田石门洞、缙云仙都、庆元濛洲桥、云和梯田、景宁大均、龙泉凤阳山、莲都应星楼，各位嘉宾有机会的话不妨在这画中走一走、看一看。

图1-16　图书馆

现在请跟我一起去三楼看看茶艺实训室（见图1-17），该实训室于2013年开始筹建，和二楼的教师休闲室资金总投入50万，这里可供48人同时实训。茶艺实训室配备有茶艺专用桌椅、陈列柜、茶具、随手泡、茶巾、闻香杯、茶船、茶道组、紫砂壶等茶艺设施及电视机、DVD播放机、音响等。具体实训项目有：茶具和茶叶的识别、茶具的使用、茶叶的冲泡和基本茶道的实训等，为学生建立了一个专业学习的平台。使学生熟悉茶文化的基础理论知识，拓展其职业技能，全方位培养学生的综合素质及审美情趣，以便以后在走上工作岗位之后提供更好的服务。

图 1-17　茶艺实训室

图 1-18　和德楼

【和德楼】

各位嘉宾，在我们右手边，是古朴而又现代的行政楼——和德楼（见图 1-18）。"和德"象征我校全体教职工上下齐心、团结协作、同心同德，不遗余力为学校的发展而作出无私的贡献。地下是能容纳 100 余辆汽车停放的地下车库。

尊敬的各位嘉宾，今天我们的丽水职高之行就要步入尾声了，走了一路，看了一路，也说了一路，希望我的解说能让大家对丽水职高有一个更深入的了解，从而喜欢上丽水职高，爱上丽水职高。非常感谢大家来到丽水职高参观，希望这次的学校游览，可以给您留下美好的回忆，期待我们下一次的相遇，真诚的欢迎各位再来我校做客。谢谢大家，再见！

和合园九思亭含义

九思亭（见图1-19），寓意君子有九种要用心思考的事：

图1-19　九思亭

视思明——看要看得明确，分得清是非，辨得明真假，要把人和事看得通透。

听思聪——听要听得清楚，君子要多听，要善于听不同的声音，还要听得聪明，要听得出什么对，什么对自己有利。不要听风则雨，要多听多想。

色思温——脸色要温和，不可以显得严厉难看。君子是应该有平和的心态，温润的言语。要心怀宽广，有容乃大；要处变不惊，潇洒自如。应该有比常人更大的气量，比常人更稳定的情绪。

貌思恭——容貌要谦虚恭敬有礼，不可以骄傲、轻忽他人。要真诚待人，无论贵贱；懂得尊敬和谦卑，就像是一块玉，不如炭火那么炽热，不如冰水那么寒冷，温润尔雅才让人觉得舒服。只有尊敬别人，才能得到别人的尊敬。

言思忠——言语要忠厚诚恳，没有虚假。说出的话要忠于自己的心，对得起自己的行为。君子一言，驷马难追。

事思敬——君子事思敬，要懂得敬业，每一份事业都需要全心全意，认真负责，不可以懈怠懒惰。只有仔细思考，周密准备，态度认真，才能有可能把事情做好。

疑思问——要有疑问，要多问。只有不断思考问题，发现问题，才能自主解决问题，进而得到进步。有疑惑要想办法求教，不可以得过且过，混过日子。

忿思难——生气的时候要想到后果灾难。君子要克制自己的情绪，要学会三思而后行，学会忍让。退一步海阔天空，一时的忍耐可以换来今后长久的平稳。

见得思义——遇见可以取得的利益时，要想想是不是合乎义理？君子爱财要取之有道，切不能见利忘义。

小试牛刀

根据学校导游词选取你最熟悉的部分进行讲解。

情境演练

举办"校园美景我来说"的校园导游词讲解比赛，评选"最佳校园导游"。

第二章

远方客人请你留下来
——丽水导游篇

丽水有"浙南林海"和"全国生态第一市"之美称，是一个集"奇、峻、清、幽"于一体的旅游胜地，独特而又优质的自然生态和人文景观是丽水旅游的最大特色。本篇章以丽水市所辖九县（市、区）主要景区景点的导游词为核心，通过生动的文字、图片与课程结构编排，实现"做中学、学中做"的理念，力求全面优化学生导游实践能力。本篇章课程体系包括：景点讲解员工作规范、丽水总体概况、主要景区景点导游词三大单元。

有朋自远方来，不亦乐乎？

第一节　景点讲解员工作规范

趣闻轶事

一位刚参加景点讲解工作的年轻姑娘，第一次接待游客，是来自某女子学院的女游客。她显得很激动，在景区大巴车上，想对游客讲几句客套话，没想到紧张起来，慌忙中只能用颤抖的声音说了声："女士们、先生们，大家好！"十几位女游客听后目瞪口呆，面面相觑，进而哈哈大笑起来。女讲解员想使自己镇静下来，可是额上的汗珠都冒了出来，刚想用手帕擦脸，说来也巧，车子来了个急转弯，女讲解员没防备，一个趔趄，差点趴到游客的身上。天啊！多么可怕的第一次讲解啊！

身体力行

容貌端庄、姿态优雅、服饰规范，是景点讲解员精神面貌的外观体现；性格开朗、态度亲切、语言文明，是景点讲解员气质涵养的内在体现。这与景点讲解员的道德、修养、文化水平、审美情趣及文明程度有着密切的关系。

一、职业道德

热爱祖国，自尊自强；遵纪守法，敬业爱岗；

公私分明，诚实善良；克勤克俭，宾客至上；

热情大度，清洁端庄；一视同仁，不卑不亢；

耐心细致，文明礼貌；团结服从，不忘大局；

优质服务，好学向上。

二、情操修养

对国家，要树立爱国之心；

对集体，要树立集体主义精神；

对游客，要树立全心全意为之服务的精神；

对个人，要树立远大的人生理想。

三、行为规范

忠于祖国，坚持"内外有别"原则；

严格按照规章制度办事，执行请示汇报制度；

自觉遵纪守法；

自尊自爱，不失人格、国格；

注意小节。

四、景点导游范例

欢迎词：

各位游客大家好，鞠个躬，弯个腰，小 × 导游来报道！说上一段数来宝，一定让您记得牢。秀山丽水好风光，观赏美景要趁早，鱼类菌类品种多，生态美食吃个饱。我呢，是丽水旅行社的专职导游，大家可以叫我小 ×，我身后的是有多年驾龄的 × 师傅，有他的保驾护航，一定会让我们称心如意。接下来的三天时间，× 师傅和我，一定会用五星服务，带领大家游遍丽水的好山好水，尝遍丽水的美食佳肴，祝大家开心、顺心、称心。好了，心动不如行动，我们出发吧，谢谢大家！（学生佳作）

景点讲解词

（1）女士们、先生们：你们好！欢迎大家光临天坛。非常高兴能有机会陪同各位一道欣赏领略这雄伟壮丽、庄严肃穆的古坛神韵。让我们共览这"人间天上"的风采，共度一段美好的时光。（徐志长《天坛导游辞》）

（2）女士们、先生们：大家好！首先，我对各位的到来致以最诚挚的欢迎！各位在来长沙旅游之前，想必已经对湖南有所了解了吧？那么您认为中国现代史上最著名的人物是谁呢？对，毫无疑问是毛泽东同志！那么毛主席在长沙生活期间，最喜欢去的是什么地方呢？就是我们将要到的岳麓山爱晚亭了。好，现在咱们就一块到毛主席"携来百侣曾游"的地方去看看。（赵湘军《爱晚亭》）

（3）女士们、先生们：瓷器是我们日常生活的必需品。那么多姿多彩的瓷器是如何制造出来的呢？到了瓷都景德镇，我们就不能不去探寻一番，所以，今天我就请各位去参观古窑瓷厂。这个瓷厂为什么用"古窑"二字命名呢？等会儿到了我再做解释。现在我利用路上的时间向各位介绍一点陶瓷知识。（余乐鸿《景德镇古窑瓷厂导游辞》）

（4）各位游客：大家好！欢迎大家到湄洲岛旅游。我们今天游览的景点是湄洲岛妈祖庙，导游的内容有：湄洲岛概况→湄洲岛妈祖庙朝觐活动盛况→祖庙山门→仪门→太子殿→寝殿→妈祖石像。预祝我们愉快地度过这美好的一天！（段海平《湄洲岛妈祖庙》）

（5）各位朋友：来杭州之前，您一定听说过"上有天堂，下有苏杭"这句名言吧！其实把杭州比喻成人间天堂，很大程度上是因为有了西湖。千百年来，西湖风景展现了经久不衰的魅力，她的风姿情影令多少人一见钟情。就连唐朝大诗人白居易离开杭州时还念念不忘西湖："未能抛得杭州去，一半勾留是此湖。"朋友们，下面就随我一起从岳庙码头乘船去游览西湖。（钱钧《杭州西湖》）

欢送词

　　各位游客朋友：我们古堰画乡一日游行程到这里基本结束。行程虽短，可我们之间却结下了深厚的友谊。此时此刻，我想用一首诗来概括行程，同时也想表达一下我的心情。请大家听好了，通济古堰气势壮，千年古樟高大上，油画作品莫遗忘，感谢合作情意长，不到之处请原谅，期待重逢在画乡，与客共游喜洋洋！说到羊字，巧了，今年恰巧是羊年，在这里祝各位，做人扬眉吐气，生意扬扬得意，前程阳关大道，烦恼扬长而去。羊年发洋财，开阳荤，天天喜气洋洋！（学生佳作）

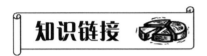

知识链接

　　景点讲解员是指在博物馆或景区为游客提供导游讲解服务的人员，通常由所在景区景点统一培训和管理，具有较丰富的相关专业知识。

　　景点讲解员是景区文化传播的重要组成部分，具有形象立体化、人格魅力化、讲解风格化、内容权威化的特点。在景区文化的传播中具有媒介作用、标志作用、信息反馈作用和扩散作用。景点讲解员应提高自身的修养，学习丰富的文化知识，创新自己的讲解技能，以便更好、更有效地传播景区文化。

小试牛刀

讨论：景点讲解员应如何讲解才能吸引游客的注意或者引起他们的兴趣？

情境演练

请你以景区讲解员的身份，向来访客人介绍丽水职高校园。

第二节　丽水总体概况

一位外籍人士的丽水情缘

Thais Perez Servia（泰丝），古巴人。"我特别喜欢丽水，丽水就是我的第二故乡。"当问及对丽水的感受时，泰丝挥扬着手臂脱口而出，毫不掩饰对丽水的喜爱。2008 年，结束在北京外国语大学的中文学习后，泰丝和同在北外学习西班牙语的一帮一结对生——一位青田小伙，在丽水举行了婚礼。

走进丽水之后，泰丝"再不想着要离开"。六年生活下来，对丽水的喜爱更是深深刻在了泰丝骨子里。现在，泰丝是丽水外国语实验学校的一名外籍教师，负责教授小学一到三年级的英语口语。在丽水生活的六年里，夫妇二人，育有一个五岁的可爱女儿，生活幸福满满，其乐融融。闲暇时间，一家人最喜欢的就是"逛逛丽水的绿水青山"；与远在巴西的亲朋好友聊天时，泰丝几乎每次都会自豪地向他们推介：丽水山清水秀空气好，生活幸福人长寿。

"丽水的生活设施齐全，环境也好，空气也比北京上海都好太多了，像处州公园和防洪堤，都是我和女儿每个星期都会去的地方"，泰丝还说，"有空还会到下面县市游玩，每个地方都有自己的特色。前几天我们刚刚去了缙云仙都，绿树青山加上蓝天白云，还有我从来没看过的石笋，实在是太美了。"

身在异国他乡，难免会遇到不便和困难，然而泰丝却无此感，她说："丽水人都很热情！我的朋友还是丽水人多，有学校的领导同事，还有女儿幼儿园的家长。"2011年，泰丝的父亲来丽水玩，在听闻父亲对丽水的良好印象后，过了六个月，泰丝的母亲也来了。正因为被丽水深深吸引，觉得丽水是一个非常适合生活的城市，现在二老也在丽水长住了。

身体力行

各位游客，欢迎大家到"秀山丽水，诗画田园，养生福地，长寿之乡"！丽水是一个集"奇、峻、清、幽"于一体的旅游胜地，独特而又优质的自然生态是丽水的一大特色，因为丽水拥有80.79%的森林覆盖率，有"浙南林海"和"全国生态第一市"的美称。丽水不仅拥有众多美不胜收的自然景观，还有群星璀璨的人文景观，特别是被央视《长寿的密码》誉为江南长寿之乡的景宁畲族自治县，更是您旅游、观光、休闲和养生的不二之选。到丽水旅游，既能让您感受到大山的无言之美，又能让你领略到山民创造的人文之美！

一、地理区位

各位游客，我们先来说说丽水的地理区位。丽水地处浙江西南地区的浙闽两省结合部，东南与温州接壤，西南与福建省宁德、南平毗邻，西北与衢州相接，北部与金华交界，东北与台州相连。丽水市区距温州126公里、金华市122公里、杭州292公里、上海512公里。市政府驻地是莲都区。

丽水市以大山、丘陵地貌为主，地势由西南向东北倾斜，西南部以大山为主，也有低山、丘陵和山间谷地；东北部以低山为主，间有大山及河谷盆地。

全市土地面积 17298 平方公里，其中山地占 88.42%，耕地占 5.52%，溪流、道路、村庄等占 6.06%，是个"九山半水半分田"的地区。丽水市山脉属武夷山系，主要有仙霞岭、洞宫山、括苍山，呈西南—东北走向，分别延伸至西北部、西南部和东北部。海拔 1000 米以上的山峰有 3573 座，其中 1500 米以上的山峰 244 座，龙泉市凤阳山黄茅尖海拔 1929 米，庆元县百山祖海拔 1856.7 米，分别为浙江省第一、第二高峰。

丽水市境内有瓯江、钱塘江、飞云江、灵江、闽江、交溪水系，与山脉走向平行，仙霞岭是瓯江水系与钱塘江水系的分水岭，洞宫山是瓯江水系与闽江、飞云江、交溪的分水岭，括苍山是瓯江水系与灵江水系的分水岭。各河流两岸地形陡峻，江溪源短流急，河床切割较深，水位暴涨暴落，属山溪性河流，由于落差大，水力资源蕴藏丰富。瓯江是全市第一大江，发源于庆元县与龙泉市交界的洞宫山锅帽尖西北麓，自西向东蜿蜒过境，干流长 388 公里，境内长 316 公里，流域面积 12985 多平方公里，占全市总面积的 78%。位于瓯江上游龙泉溪的紧水滩电站水库即仙宫湖，面积 43.6 平方公里，是全区最大的人工湖泊。

二、自然气候

各位游客，丽水市属中亚热带季风气候区，气候温和，冬暖春早，无霜期长，雨量丰沛。丽水由于 85% 以上为山地，海拔 1000 米以上的山峰有 3573 座，其中 1500 米以上的山峰 244 座，特别是南部山峰连绵，坡度陡峭，因而垂直气候差异明显，总的趋势是随着高度的升高气温下降，降水增加，形成本地区特有的低层温暖半湿润、中层温和湿润、高层温凉湿润的季风山地气候特点。

气温：丽水市年平均气温为 17.7℃，1 月平均气温为 6.7℃，7 月平均气温 28.3℃。极端最高气温 43.2℃，极端最低气温 –10.7℃。年平均气温呈东高北低分布，东部和东南部平均气温 17℃ 至 18℃，北部和西北部平均气温 16℃ 至 17℃。

雨水：丽水市雨量充沛（见图 2-1），年平均降雨量 2005.3 毫米，大致自南向北减少，在 1350 毫米至 2200 毫米之间。一年中有 80% 的降水出现在 3 月至 9 月。

图 2-1　丽水雨景

日照：丽水日照时数偏少，年日照时数 1676.6 小时，7 月日照时数最多，达 220.9 小时，2 月最少，仅 90.8 小时。

灾害：丽水也是灾害性天气多发区，春季有寒潮、强对流、春旱等，少数年份还会出现冰冻天气；夏季有热带气旋、暴雨、强雷暴、高温等灾害天气；秋季常有秋旱发生，一些年份还会出现台风和寒潮天气；冬季会出现秋冬连旱和寒潮、低温、大风等灾害性天气。

近年来，随着城市的快速发展，丽水呈现出平均气温升高、相对湿度下降、日照时数减少、能见度明显降低的变化趋势，极端天气气候事件频发：高温酷热增多，干旱趋于频繁，雾霾愈加严重，强降雨不断出现，台风强度剧烈等，对丽水社会和经济的和谐发展构成了威胁。

三、历史文化

各位游客，丽水历史悠久，据考古发现，早在 4000 多年前就有人类活动。隋朝开皇九年（公元 589 年）建处州，592 年改为括州，607 年改为永嘉郡。唐朝武德四年（公元 621 年）复改为括州，779 年改为处州。元朝至元十三年（公元 1276 年）改为处州路，1359 年改为安南府，随后改为处州府。明朝景泰三年（公元 1452 年）起，处州府辖丽水、松阳、缙云、青田、遂昌、庆元、宣平、云和、景宁 10 县。1911 年辛亥革命后设立处州军政分府。民国元年（1912 年）撤销处州军政分府，先后由瓯海道和丽水、第九、第六、第七行政督查区管辖，辖丽水、松阳、缙云、龙泉、庆元、宣平、景宁、云和 8 县。1949 年 5 月解放，10 月设丽水专区，1952 年撤销专区，各县分别划入温州、金华、衢州专区管辖。1963 年 5 月恢复丽水专区，辖丽水、青田、缙云、遂昌、云和、龙泉 6 县。1968 年改称丽水地区，1978 年设立丽水地区行政公署。其中：1973 年恢复庆元县，1982 年恢复松阳县，1984 年设立景宁畲族自治县，1986 年撤销丽水县，设立县级丽水市，1990 年撤销龙泉县，设立县级龙泉市，2000 年撤销县级丽水市，设立莲都区。2000 年 7 月 19 日撤销行署建制，现设莲都区 1 个市辖区，辖青田、缙云、遂昌、松阳、云和、庆元、景宁 7 县，代管辖龙泉 1 市。景宁是全国唯一的畲族自治县。全市共有 51 个镇（畲族镇 1 个）、100 个乡（畲族乡 6 个）、30 个街道、96 个社区、34 个居委会、2850 个行政村和 12101 个自然村。2013 年全市公安户籍人口 263.92 万人。

各位游客，丽水不仅历史悠久，而且文化灿烂、古迹众多、名人辈出。这里有新石器时代晚期文化遗址遂昌好川文化；宋代五大名窑之一的龙泉青瓷哥窑遗迹；南朝的古代水利工程通济堰；北宋时期的松阳延庆寺斜塔；明代著名剧作家、《牡丹亭》作者汤显祖的故居。还有享誉国内外的民间工艺品：龙泉青瓷、青田石雕、宝剑、遂昌黑陶及独特的畲族文化。在当代，"巴比松"油画和丽水摄影也独具魅力。

当然，丽水也是人杰地灵、名人辈出的地方。2010年8月，为纪念丽水撤地设市十周年，进一步挖掘和展示丽水的历史文化内涵，弘扬丽水精神，让广大群众更加全面、深刻地了解丽水，激发全市人民热爱家乡、努力建设生态丽水、积极构建和谐社会的热情，推动丽水经济又好又快发展，《处州晚报》和丽水市地方志办公室联合开展"处州十大历史名人"评选活动，评选出刘基、汤显祖、卢镗、张玉娘、叶绍翁、杜光庭、何澹、范成大、吴煜、陈言十大历史名人。

四、民族宗教

各位游客，丽水市除汉族外，还杂居着畲族、苗族、土家族、布依族、侗族、蒙古族、回族、彝族等53个少数民族，少数民族人口9万多人。主要分布在9市区县的176个乡镇、街道。畲族人口在5000人以上的市区县有莲都、景宁、遂昌、云和、龙泉、松阳，1000以上的乡镇和街道有33个。畲族人口占30%以上的行政村有208个。设有景宁畲族自治县和6个畲族乡、1个畲族镇。丽水市有基督教、佛教、道教、伊斯兰教。以基督教、佛教为主。基督教、佛教分布在9个市区县。其中，基督教中的天主教分布在青田、莲都、龙泉、遂昌等4个市区县。此外青田县有正一派道士、莲都区有伊斯兰教。全市共建立市级宗教团体1个（市佛教协会）、县级宗教团体31个。近年来，全市各宗教团体的宗教活动基本正常，宗教队伍基本稳定。

五、旅游资源与新产品

各位游客，近年来，丽水以"生态·休闲·养生"为主题，以瓯江流域和自然山水为主线，着力打造"秀山丽水，养生福地"的旅游品牌。丽水市山清水秀，风光秀丽，是长三角地区的一块"净土"，有全国农业旅游示范点松阳卯山、全国工业旅游示范点龙泉宝剑厂、省红色旅游经典示范区王村口镇、省首家国家矿山公园遂昌金矿、省五星级农家乐经营点松阳四都寨头摄影休闲园。2009年12月，被命名为"中国优秀旅游城市""中国优秀生态旅游城市"。全市有国家4A级旅游景区20家，分别是莲都——东西岩、古堰画乡；龙泉——龙泉山、青瓷小镇、披云青瓷文化园、宝溪景区；青田——中国青田石雕文化旅游区、石门洞；缙云——仙都景区、黄龙景区；遂昌——南尖岩、遂昌金矿国家矿山公园、神龙飞瀑、千佛山；景宁——中国畲乡之窗、云中大漈；云和——仙宫湖、云和梯田；庆元——百山祖；松阳——箬寮原始林。风景区内不仅广布奇峰、异洞、幽谷、流泉，还有众多的摩崖题刻、古建筑群、宗教寺观等人文景观。全市建有各级自然保护区83个，其中森林生态系统类型的有国家级自然保护区龙泉凤阳山——庆元百山祖、遂昌九龙山，省级自然保护区景宁望东垟高山湿地，以及县级自然保护区松阳箬寮岘。建有省级以上森林公园11个，其中省级森林公园有莲都的白云山、大山峰，云和的仙宫湖，龙泉的龙渊，景宁的草鱼塘，缙云大洋山、括苍山等；国家级森林公园有遂昌、青田石门洞、松阳卯山、庆元巾子峰4个。瓯江流域人工湖泊（见图2-2）众多，景观如同天成。仙宫湖，周围有"夏洞天""八仙洞""九潭十八湾"等景观；滩坑水库（千峡湖）拥有千峡环湖的壮丽景象，给人无限遐想，是丽水又一个风景如画、休闲旅游场所。2009年9月，龙泉青瓷传统烧制技艺被列入《人类非物质文化遗产代表作名录》，龙泉青瓷成为全球第一个也是唯一一个入选"非遗"的陶瓷类项目。包括庆元在内的浙闽两省联合申报的"中国木拱桥传统营造技艺"被列入《急需保护的非物质文化遗产名录》。国家级非物质文化遗产有松阳高腔、青田石雕、龙泉青瓷烧制技艺、龙泉宝剑锻制技艺等11项，浙江省民族民间艺术保护名录62项。国家级文物保护单位有龙泉大窑青瓷古窑址、莲都通济堰、景宁时思寺、缙云

仙都摩崖题记、庆元如龙桥、松阳延庆寺塔等 6 处，省级文物保护单位有莲都
南明山摩崖题刻、灵鹫寺石塔、龙泉永和桥等 34 处，市级文物保护单位 120 处。
省级历史文化保护区有丽水西溪、龙泉上田、青田阜山、缙云河阳、遂昌独山、
遂昌王村口、松阳石仓、松阳界首、庆元大济 9 处；人文景观，古有明御史中
丞兼太史令刘基读书处、松阳兄弟进士牌坊、龙泉剑池遗址、缙云独峰书院等；
近代有革命遗址遂昌县王村口红军挺进师旧址群、龙泉市水塔村中共浙西南特
委驻地、莲都区厦河村中共浙江省委机关旧址、青田县东源镇周恩来题词纪念
碑以及畲族风情、龙泉登山、仙都攀岩、青田石雕等。丽水市已逐渐形成以山
水观光和畲乡文化、侨乡文化、剑瓷文化、黄帝文化、摄影文化为主要载体的
特色文化旅游产品。

图 2-2　丽水湖泊

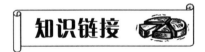

处州十大历史名人

刘基（1311—1375年），字伯温，明朝开国功臣，杰出的政治家、军事家、文学家。青田南田武阳村（今文成县南田）人。明洪武三年（1370年）封诚意伯，人们又称他为刘诚意。刘基博通经史，尤精象纬之学，一生著作颇丰，著有《郁离子》十卷，《覆瓿集》二十四卷，《写情集》四卷，《犁眉公集》五卷等，后均收入《诚意伯文集》。

汤显祖（1550—1616年），号若士，江西临川人。著名剧作家、文学家。明万历二十一年至二十六年任遂昌知县。主政遂昌五年，清正爱民，政绩卓著，美誉载道。创建相圃书院和尊经阁，以兴教振文。构思创作于遂昌的代表作《牡丹亭》，享誉世界，成为千古绝唱。2000年，被联合国教科文组织列为世界百位历史文化名人之一。

卢镗，字子鸣，丽水县人，抗倭英雄。明嘉靖二十七年（1548年），卢镗在舟山双屿港大败倭寇，斩贼首李光头；三十四年（1555年）五月，与俞大猷、汤克宽合兵大破倭寇于嘉兴王江泾，斩贼众1500余，溺毙无数；后又协助总督胡宗宪，再平两浙倭患。四十年（1561年），倭寇再犯浙东，卢镗破倭于宁波、温州。去世后葬于丽水白云山脚下。丽水城内至今尚存卢镗街，以示纪念。

张玉娘（1250—1277年），张玉娘，自号一贞居士，松阳人。生于宋淳祐十年（1250年），卒于南宋景炎元年（1276年），仅活到27岁。她自幼饱学，敏慧绝伦，尤擅诗词，今存《兰雪集》遗稿。后人将她与李清照、朱淑贞、吴淑姬并称宋代四大女词人。她与当朝才子沈佺生死相恋的爱情悲剧，非常凄婉感人，被后人喻为"松阳梁祝""一曲希腊式的大悲剧"。

叶绍翁（公元 1224 年前后），号靖逸，龙泉人，南宋著名诗人。建炎三年（1129 年），其祖父李颖士抗金有功，升为大理寺丞、刑部郎中，后被贬。叶绍翁因祖父关系受牵连，家道衰落，从小就给龙泉叶姓做儿子。在朝廷做小官时，曾与龙泉同乡进士、当朝参知政事（副相）真德秀过从甚密。叶绍翁擅七言绝句，其诗意境高远，用语新警。如《鄂王墓》诗："万古知心只老天，英雄堪恨复堪怜。如公少缓须臾死，此虏安能八十年。漠漠疑尘空偃月，堂堂遗像在凌烟。早知埋骨西湖路，悔不鸥夷理钓船。"表现了南渡文士对国事的感慨，爱憎分明。其《游园不值》诗："应怜屐齿印苍苔，小扣柴扉久不开。春色满园关不住，一枝红杏出墙来。"脍炙人口，成千古绝唱。其《西湖晚秋》诗："爱山不买城中地，畏客长撑屋后船。荷花无多秋事晚，又随鸥鹭过残年。"在历代歌咏西湖诗中，可谓上乘，颇得野趣。著有《靖逸小集》和《四朝闻见录》（收入《四库全书》）。

杜光庭（850—933 年），唐代缙云人。原为儒生，工辞章。当时的大诗人方干说他是"宗庙中宝玉大圭"。杜光庭少习儒学，博学多才，但九试不中，乃入天台山学道。后周游各地，到达长安。唐僖宗闻其名声，召入宫廷，赐以紫袍，充麟德殿文章应制，为内供奉。广明元年黄巢攻入长安，随僖宗入蜀，留蜀不返。唐亡，王建建立前蜀，任为光禄大夫，户部侍郎上柱国蔡国公，赐号"广成先生"。王衍继位后，以杜光庭为传真天师、崇真馆大学士。晚年在青城山白云溪修道写作，存世著作三十余种，二百余卷，内容极为丰富。仙逝后供于青城山建福宫，至今香火旺盛。现缙云历山骑龙宫供有杜光庭神像。

何澹（1146—1219 年），龙泉市兰巨乡豫章村人。十八岁入太学，宋乾道二年（1166 年）中进士礼部第二人。官至兵部侍郎、枢密院事（正二品）、参知政事（正二品）。后因"庆元党禁"事件，于嘉泰元年（1201 年）七月力请辞职，闲居故郡近七年，未忘乡土建设。开禧元年（1205 年）奏请朝廷调兵 3000 人，疏浚处州通济堰，将木坝改为石坝；修筑保定村洪塘，蓄水灌溉 2000余亩；修撰第一部《龙泉县志》，并在这部志书中第一次记载生产香菇的"砍花法"和"惊蕈术"对世界香菇发展起到了重大作用（详见 [链接二]）。著有《小山集》（收入《永乐大典》《全宋词》）。

范成大（1126—1193 年），号石湖居士，南宋诗人。平江吴郡（今江苏吴县）人。父母早亡，家境贫寒。宋高宗绍兴二十四年（1154 年）进士。曾任处州知府，期间修通济堰，置水闸 49 处，灌田 2500 多亩，立堰规 19 条。重建济川桥，用木船 72 艘，栋梁 36 条，以铁索连贯成浮桥。曾以起居郎、假资政殿大学士出使金朝，为改变接纳金国诏书礼仪和索取河南"陵寝"地事，慷慨抗节，不畏强暴，几近被杀，不辱使命而归，并写成使金日记《揽辔录》。他与尤袤、杨万里、陆游并称"中兴四大诗人"。著有《石湖居士诗集》《石湖词》等。

吴煜（吴三公，1130—1208 年），庆元县百山祖乡龙岩村人。他是世界"砍花法"人工栽培香菇技术创始人，因其排行老三，后人敬称吴三公。吴三公年轻时与乡亲们常年行走在龙庆古道的茶木圩一带，在烧炭和采集野生菌蕈过程中，发现倒下的阔叶树皮层刀斧砍伤处会出菇，他就搭棚建寮砍树试验，通过一段时间的实践，总结出了砍花制菇的特殊技艺并传授给乡亲。根据《庆元县志》记载，明初国师刘伯温把香菇作为贡品献给皇帝朱元璋，并向皇帝奏本，讨封龙、庆、景三县百姓生产香菇的专利。从此，制菇的民众越来越多，吴三公被菇民尊为"菇神"，南宋淳熙元年（1265 年），菇民在西洋村立庙祀奉吴三公。800 多年来，吴三公的制菇技术世代相传，香菇产业早已成为全国 12 个省 200 多个县（市）人民赖以生存和发展的传统产业。吴三公的这一重大发明，为人类社会打开了食用菌宝库的大门，创造了巨大财富，为人类文明做出了杰出贡献！

陈言（约 1121—1190 年），景宁县鹤溪人。敏悟绝人，潜心医道，精于方脉，对症下药，治病立效，遇有不治之症，能预告结果。他根据临床实践，借鉴前人经验，探求医道要述，建立"三因极一"学说，研究受病之源，用药之法。宋淳熙元年（1174 年）著《三因极一病源论粹》，全书近 24 万字，共 18 卷，分 180 门类，录医方 1050 余道，包括内、外、五官、妇、儿各科病症。被列为中华医典名著，备受推崇，医者宗之。清《四库全书总目》评论此书"每类有论有方，文辞典雅而理致简赅，非他家鄙俚冗杂之比"。《辞海》"三因方"释文：三因，中医学名词，病因分类方法之一。内因、外因、不内外因的总称。宋陈无择《三因极一病症方论》以寒、暑、燥、湿、风、热（一般作"火"）六淫之邪为外因；喜、怒、忧、思、悲、恐、惊七情的过度为内因；其他如饥饱、劳倦、跌仆、压溺、金疮及虫兽所伤等统称不内外因。对"三因"学说，汉代张仲景的《金匮要略》中已经提出，陈言在结合治疗的基础上加以阐明，成为一个完整的学说体系，从而大大发展了张仲景的病因学理论，为后世病因理学的发展奠定了基础。1957 年人民卫生出版社将此书选为古代中医名著出版，1984 年再版。陈言的学徒王硕著"易简"和《三论》对后世有一定影响。

小试牛刀

请搜集丽水市拥有的 20 家国家 4A 级旅游景区的资料，分组制作手抄报，并在全班分享。

情境演练

1. 搜集有关于瓯江的资料，撰写导游词，并向同学们进行介绍。

2. 走访括苍古道，体验丽水山水、人文之美，并撰写心得，在全班进行分享。

第三节　主要景区景点导游词

秀山丽水，画乡莲都

——莲都区

春路雨添花，花动一山春色。

行到小溪深处，有黄鹂千百。

——宋·秦观

趣闻轶事

莲都区各大街名的来历

中山街　因纪念孙中山，于 1940 年取名。习惯地段名称分北郭桥、丽阳门、泗洲楼、太平坊、梅山脚、仓前、大水门，均为闹市点。

大众街　新中国成立前曾名中正街。新中国成立后，以庆贺人民大众翻身得解放，当家做主之意，于 1951 年命名为大众街。1939 年冬至 1941 年春，中共浙江省委书记刘英，于四牌楼街段开设"兴华广货号"商店作掩护，领导革命斗争。现旧址列为县级文物保护单位。

灯塔街　曾名燧昌路。新中国成立后，以人民群众走社会主义光明大道之意，于 1981 年 9 月命名。

解放街　新中国成立前曾名陈诚街。新中国成立后，以欢庆人民翻身得解放，于 1951 年命名今名。

继光街　抗日时期，为振兴中华，并纪念明朝抗倭名将戚继光，于 1940 年取名继光街。

丽阳路　因位于丽阳门之北，丽阳山之南，在 1981 年 9 月改今名。

丽青路　系丽水——青田公路一段，1981 年 9 月以此命名。

括苍路　以此路环绕小括苍山下，于 1981 年 9 月命名为括苍路。"括"与"栝"旧志书通用。

三岩寺路　以名胜地三岩寺取名。

大洋路　护城河俗称大洋河，以路经河旁，因名。

圃山路　以路原东段环圃山之麓，故名。

城西路　因环绕旧城基西边，故名。

城东路　以东环旧城墙得名。

大猷街　毗邻丽水南明湖，明清为南横街东段，民国叫应星桥街，为纪念抗倭名将俞大猷、激励民众抗日斗志，于 1940 年改此名。

卢镗街　为纪念明朝抗倭将领卢镗，于 1940 年取名。《丽水县志》卷六载："明总兵卢镗墓，在白云山趾"。

身体力行

好山好水赏不尽，画乡莲都欢迎您！游客朋友们，我们现在来到的就是素有"画乡"之美称的丽水市莲都区。莲都区依山傍水，位于浙南中部山区、瓯江中游，东与青田县毗邻，南与云和县、景宁畲族自治县接壤，西与松阳县相连，西北与武义县交界，东北与缙云县相连。莲都区总面积 1502 平方公里，总人口 46 万人（2011 年），共有 19 个少数民族在此居住，其中畲族人口最多，约有 2 万多人。莲都区辖 6 个街道：紫金街道、岩泉街道、万象街道、白云街道、水阁街道、富岭街道，5 个镇：碧湖镇、联城镇、大港头镇、老竹畲族镇、双溪镇，7 个乡：太平乡、仙渡乡、峰源乡、高溪乡、丽新畲族乡、双黄乡、黄村乡。

莲都区的建城也是历史久远，于隋开皇九年（589 年）置县，古称处州，因"众山环簇、状如莲花"，宋代以后又得雅称"莲城"，2000 年丽水撤地设市，市人民政府所在地市莲都区。"莲"为莲城旧名的沿用，"都"是"都会"之意，来自《括苍汇记》："处州……接壤闽中，北接台、婺，东引瓯、越，西交三衢，万山中一都会也"。莲都区地处"浙江绿谷"的腹地，全区森林面积 11.7 万公顷，森林覆盖率达 80%，水域面积 8.6 万亩，水能资源丰富，这些好山好水为这里优越的生态环境打造了良好的基础。国家级生态示范区、中国摄影之乡、中国椪柑之乡、中国根艺之乡、中国民间艺术之乡、巴比松油画创作基地、全国无公害水果生产基地，朋友们，这一个个响亮的名号，是不是让你对接下来的行程更加心驰神往呢？

游客朋友们，莲都自然山水佳秀，更兼人文底蕴厚重。仙霞岭、栝苍山、洞宫山三山聚首，八百里瓯江最瑰丽河段穿境而过，得天独厚的自然条件赐予莲都区秀丽的自然风光，堪称"秀山丽水"之缩影、"山水浙江"之典范。而历史上沈括、秦观、陆游、米芾等众多文人骚客在此地停步流连、多有着墨，这些文人骚客的到来，也为莲都区增添了富有底蕴的人文风光。大家知道，秦观是北宋著名文学家，他在词作上艺术造诣高超，素有"苏门四学士"之称。宋神宗时秦观当过京官，后来因为党争屡次被贬，绍圣年间被贬为监处州酒税，现在大家可能觉得税务部门挺好的，可当时只是小吏一个，是一个无足轻重的职位。秦观在处州供职头尾仅三年，但他在此地写下了不少诗词，其中《好事近》《千秋岁》是最有代表性的。其中，《好事近》一词这样写道："春路雨添花，花动一山春色。行到小溪深处，有黄鹂千百。飞云当面舞龙蛇，夭矫转空碧。醉卧古藤阴下，了不知南北。"还有一位是南宋著名文学家陆游，大家更熟悉吧，他是南宋最杰出的爱国诗人，世称陆放翁。大家可能会问，他怎么会在丽水留下诗篇呢？因为陆游是浙江绍兴人，他在福建任地方官的时候，回绍兴原籍时路过丽水，而且来回不止一次，十分喜爱丽水的秀丽风光，写下了不少诗篇，其中最为丽水人称颂的是《南园》和《莺花亭》。其中，《莺花亭》这样写道："沙外春风柳十围，绿阴依旧语黄鹂。故应留与行人恨，不见秦郎半醉时。"

各位游客，绵绵括苍峻岭，盈盈瓯江清波，莲都是浙南山区著名的旅游观光胜地，自然景观与人文景观互相辉映。莲都区境内有集千年畲乡风情、万古丹霞奇观于一体的国家 4A 级旅游景区——东西岩；有全国重点文物保护单位、迄今已有 1500 多年历史、始建于南朝的浙江最古老的水利工程——通济堰；有国内知名的写生、创作、油画商品基地——古堰画乡；有省级风景名胜区、现存有 58 处摩崖石刻的——南明山等。我们将这些景观形象地归纳为：一湖（南明湖）、三山（白云山、万象山、南明山）、三岛（古城岛、中岸岛、琵琶岛）、十景（古堰画乡、九龙湿地、石牛温泉、四都健身、一吻千年、浪漫白岩、名人南明、白云森林、处州府城、括苍水城）。

接下来的时间，就让我带你看瓯江帆影、听渔舟唱晚，游名人南明、赏摩崖石刻，走古堰画乡、乘竹筏漂流，攀风情东西、品畲家风味……相信游遍莲都，大家定会别有一番滋味在心头！

瓯　江

瓯江因温州古称"瓯"而得名，发源于浙江省龙泉市与庆元县交界的百山祖西北麓锅帽尖，自西向东流，贯穿整个浙南山区，干流全长388公里，流域面积18028平方公里，经龙泉、云和、丽水、青田、温州后，汇入东海。沿途山地丘陵绵延起伏，秀水蜿蜒。瓯江上游转折迂回于崇山峻岭形成许多急流险滩，下游北岸为永嘉、乐清，南岸是温州市区。瓯江江面宽阔，由于江流海潮相互激荡，彼此消长，泥沙沉积，在温州境内形成了西洲岛、江心屿、七都涂、灵昆岛四个江中沙洲。

摘抄陆游等名家撰写的关于莲都的诗词名作，并分享与背诵。

莺花亭（宋·陆游）

沙外春风柳十围，绿阴依旧语黄鹂。

故应留与行人恨，不见秦郎半醉时。

情境演练

走访古堰画乡景区，选取你印象最深的一处景点撰写导游词，字数不限，并进行试讲训练。

导游词范例

莲都古堰画乡"南山映秀"

各位游客朋友，我们眼前的这座古建筑看起来是不是非常古朴、典雅呢？这是一座四合天井院古民居，建于清朝中期，是村中唯一的四周墙体均用砖砌的建筑，也是堰头村古民居中最有代表性的古建筑。大家请抬头看，它的门楣刻着四个大字——"南山映秀"。这是什么意思呢？其实啊，这是寓意着"所居之地景色幽美，为祥瑞福地，堪比终南山"。门楣上方的"暗八仙"雕饰，寓意吉祥如意；"花瓶"雕饰，寓意家宅平安；左边雕饰暗藏"招财进宝"之意；右边"琴棋书画"雕饰，则是凸显耕读风尚。大家仔细观察门楼雕饰，不难发现，"福禄寿喜"中独缺"禄"，这是折射出屋主不追求高官厚禄、淡泊名利的人生观。现在，请大家随我一同走入这座古宅，一起去解读一下中国古代民居设计中的"四合天井院"结构的民俗文化。

江浙之巅，剑瓷龙泉

——龙泉篇

应怜屐齿印苍苔，小叩柴扉久不开。

春色满园关不住，一枝红杏出墙来。

——宋·叶绍翁

趣闻轶事

叶绍翁与龙泉

在龙泉九姑山麓，有一座精致的建筑，名叫"杏园"，它是为了纪念南宋丽水本土诗人叶绍翁而建的。叶绍翁（生卒年不详），字嗣宗，号靖逸，南宋文学家、诗人，龙泉人，晚年隐于西湖之滨。叶绍翁擅长七言绝句，是江湖派诗人，著有《靖逸小集》和《四朝闻见录》。后者记述南渡以后朝野事，可补史传之不足，收入《四库全书》。他的诗歌，力求平直、流畅，意境高远，细致精巧，长于炼意。如《游园不值》:"应怜屐齿印苍苔，小扣柴扉久不开。春色满园关不住，一枝红杏出墙来"历来为人们所传诵。

叶绍翁是龙泉人，但从严格意义上来讲，叶绍翁也许与龙泉人并没有血缘关系，因为他是过继给龙泉人当儿子的福建建安人（今建瓯）。叶绍翁原来姓李，生于南宋中期，他的爷爷李颖士在宋政和五年（1115年）中进士，曾任处州刑曹，也就是负责司法狱讼之类的官员，之后知余姚、任大理寺丞、刑部郎中，后来被贬，家道开始破落。由于家庭的关系，叶绍翁在少时就过继给龙泉的叶姓人家为子。南宋龙泉叶氏是一个较为显赫的大家族，比如中书舍人、王安石的侄女婿叶涛，精通算术的叶膂、永嘉学派创始人叶适等等就是叶家人的代表。叶绍翁就是叶适的门生，后来在朝廷当了小官。

身体力行 📚👓

各位游客朋友，欢迎大家来到龙泉旅游观光！龙泉——山是江浙之巅，水为三江之源，生态全国领先，剑瓷文化世界驰名，真可谓是"诗画江南最高峰，烟雨瓯江第一城"。今天，就让我带领大家一起走进龙泉，去感受龙泉的山水与剑瓷文化。

龙泉位于浙江省西南部浙闽赣边境，东临温州经济开发区，西接福建武夷山风景旅游区，素有"处州十县好龙泉"之称。龙泉市域面积 3059 平方公里，人口 29 万，辖 8 镇 7 乡 4 个街道 444 个行政村 12 个社区。

龙泉以宝剑文化（见图 2-3）、青瓷文化、香菇文化闻名于世。龙泉因剑得名，据《越绝书》记载："欧冶子、干将凿茨山、泄其溪、取铁英，作铁剑三枚，一曰龙渊，二曰泰阿，三曰工布。"晋代以"龙渊"剑名在欧冶子铸剑地设立"龙渊乡"，唐朝因避高祖李渊讳把"龙渊乡"改为"龙泉乡"，唐乾元二年（公元 759 年）置"龙泉

图 2-3　龙泉宝剑文化

图 2-4 龙泉青瓷

县"。1990 年 12 月撤县设市。龙泉宝剑曾被毛泽东、邓小平等党和国家领导人收藏，并多次作为国礼赠送外国首脑或友人。龙泉凭瓷生辉，著名历史地理学家陈桥驿称："一千多年以来，就是这个县份，以它品质优异的大量青瓷器，在世界各地为我们换回了巨额财富，赢得了莫大的荣誉。而龙泉一名，也就由此而传遍天下。"

龙泉青瓷（见图 2-4）始于三国，盛于宋元，以"清澈如秋空、宁静似深海"的哥、弟窑瓷器享誉海内外，其中"哥窑"与著名的官、汝、定、钧并称为宋代五大名窑。龙泉青瓷历代行销全国各地及供宫廷御用，并从宋代开始远销亚、非、欧等地，故有"海上丝绸之路从龙泉开始"之说。2006 年龙泉宝剑锻制技艺、龙泉青瓷烧制技艺双双成为首批国家级非物质文化遗产代表作；2009 年龙泉青瓷传统烧制技艺入选"人类非物质文化遗产代表作名录"，成为迄今为止全球唯一入选"人类非遗"的陶瓷类项目。与此同时，宋人吴三公在瓯江之源龙泉、庆元、景宁交界的"凤阳山—百山祖"一带发明了香菇砍花法栽培技术，使龙泉成为世界香菇发源地之一。地处瓯江、闽江、钱塘江上源之一的龙泉名山——披云山，集天地之灵气和三江之源的优势，成为中国最大的"人间仙草"——野生灵芝的主产地，被国家命名为"中华灵芝第一乡"。

龙泉历史悠久，人文荟萃。这里的牛门岗新石器遗址表明，龙泉的先民承前启后，筚路蓝缕，以林启泽，带动了日后的宝剑文化、宗教文化、青瓷文化和香菇文化的发展。还有那北宋宰相何执中、副相管师仁、明朝开国元勋章溢为代表所凝聚的名人文化，以及南宋大哲学家叶适和他的《水心集》、元末明初著名学者叶子奇和他的《草木子》，还有龙渊古刹清修寺、古塔稽圣潭塔及剑池亭、七星井、永和廊桥、大窑青瓷古窑址等等，无不孕育着灿烂的龙泉古文明。自古以来，龙泉更是英才俊贤辈出之地，宋朝天圣至咸淳 251 年间，龙泉一县就出进士 248 名，是中国科举史上的一大奇观；宋代永嘉学派的集大成者叶适、南宋诗人叶绍翁均为龙泉人。

　　各位游客，龙泉山清水秀，风光旖旎。在这块 3 千多平方公里的土地上，层峦叠嶂，襟带众流，山雄水碧，气候宜人。全市 78.4% 的森林覆盖率，有着"浙南林海"之称。据 2013 年年底浙江省环境监测中心编制的《浙江省生态环境状况评价报告》公布，龙泉空气质量位居全省第一，有"中国生态第一市"的美名。以龙泉山为龙头的山水生态游、龙泉窑为核心的剑瓷文化游、龙泉灵芝为特色的养生度假游享誉国内外。境内的凤阳山自然保护区是浙江省面积最大的国家级自然保护区，主峰为龙泉山（凤阳山）黄茅尖，海拔 1929 米，为浙江第一高峰。保护区保持了原始森林风貌，峰峦叠翠，谷幽泉清，茂林蔽日，奇草遍地，被誉为"华东古老植物摇篮"；龙泉境内仙宫湖水光潋滟，烟波浩渺，以百米瀑布和千年古村为特色的岩樟生态沟、古村落以及天平山、披云山、昴山等自然景观，更为龙泉增添了一道亮丽的生态旅游风景线。而龙泉窑大窑窑址，龙泉青瓷博物馆、中国龙泉青瓷城、中国龙泉宝剑城等是世界独一无二的剑瓷文化游重要内容。同时，龙泉菇、灵芝酒、龙南土猪、八都冬笋、安仁鱼头、茶丰泥鳅为特色的高山珍品，都是都市人孜孜以求的生态名品。

　　游客朋友们，宋代龙泉诗人叶绍翁有名句赞曰："春色满园关不住，一枝红杏出墙来",如今的龙泉犹如一颗璀璨的明珠镶嵌在浙西南大地。在这块古老而年轻、辽阔而神秘的大地上,勤劳、勇敢、智慧的龙泉人民创造了光辉的历史和灿烂的文化。正如一枝出墙红杏,面向全国,面向世界,笑迎您的到来!

龙泉灵芝孢子粉

灵芝是中国传统的医药保健珍品,东汉时期古医书《神农本草经》就有其药用价值记载,将其列为有效无毒之上品。孢子粉是灵芝的生殖细胞,现代医学研究证明:孢子粉含有丰富的灵芝多糖、蛋白质、三萜化合物等多种有效成分,在抗肿瘤、治疗心血管疾病、提高人体免疫功能方面有很好疗效。龙泉所产的灵芝孢子粉质量好,显微观察,颗粒饱满、没有杂质,纯度达99%以上,被食药用菌界誉为"世界灵芝孢子王"。

龙泉市是中国南方主要林区,地理气候条件优越、森林资源丰富,适宜灵芝生长,因此自古产灵芝,是闻名世界的"中华灵芝第一乡",也是全国灵芝孢子粉原产地。龙泉从1989年开始灵芝人工栽培试验并取得成功,1992年农民利用纯段木仿野生法大规模栽培灵芝,产业化经营至2005年,平均每年段木投放量3000立方米(最高时达7000立方米),年产干灵芝150吨,占全中国总量的四分之一。灵芝产品80%以上销往国外,在国际上有良好的声誉。

小试牛刀

搜集、背诵叶绍翁的名篇佳作，并与同学分享。

情境演练

1. 请设计一条龙泉名山胜水的旅游线路。

2. 搜集有关龙泉青瓷与宝剑的资料，选取你最感兴趣的一个内容撰写导游词，并练习讲解。

导游词范例

哥窑与弟窑

南宋时章生一、章生二兄弟开创哥窑、弟窑，被誉为"青瓷祖师"。哥窑位列宋代五大名窑之一；弟窑又名龙泉窑，是南方窑系中的极品。

章家二兄弟生活的年代正值宋室南渡，偏安浙江。被称为中兴之主的宋高宗赵构定都临安（今杭州）后，百废待兴，因而崇尚简朴，于是有碧玉之称的青瓷便在很大程度上取代了价格昂贵的金属器、玉器和漆器，也为皇帝、百官日常生活的必需品，这也为青瓷业的进一步发展带来了契机。

哥窑产品"胎薄如纸，釉厚如玉，釉面布满纹片，紫口铁足，金丝铁线，胎色灰黑，古雅端庄"，其精品被宫廷所垄断。弟窑又称"龙泉窑"，瓷品"胎白釉青，釉层丰润，釉色青碧，晶莹滋润，胜似翡翠"。湿润如玉的粉青、梅子青把釉色与质地之美推到了顶峰，集中体现了龙泉窑烧造历史上制瓷工艺的最高成就。

五行遂昌，一诺千金

—— 遂昌篇

山也清，水也清，

人在山阴道上行，春云处处生。

—— 明·汤显祖

趣闻轶事

"五行遂昌，一诺千金"的由来

"山也清，水也清，人在山阴道上行，春云处处生。"400年前，汤显祖用笔墨记录下的浙南小城，如今已成了人们在高山流水间不断寻觅追求的"最诗意栖居地"。遂昌县结合当地的旅游资源，结合中国古代的"金木水火土"五行文化，对旅游景区进行分类：金，这里有遂昌金矿的千年金窟，邀您体验黄金之旅；木，这里是浙南林海、森林氧吧，邀您体验自然之旅；水，温泉养生、惬意漂流，邀您体验绿水之旅；火，这里是革命老区，邀您回首峥嵘岁月，体验红色之旅；土，发展休闲农业，邀您体验乡村之旅。而"一诺千金"，则是契合了遂昌县旅游行业的服务品质。

身体力行

一卷山水，一座小城，各位游客朋友，让我们在遂昌展开一场金木水火土的五行之旅！接下来的几天里，我将竭诚为大家服务，预祝大家在遂昌游得开心、吃得满意、住得舒服、走得顺利，使遂昌之行成为大家心中一次美好而又独特的旅游体验。

遂昌县位于浙江省西南部，地处仙霞岭山脉，钱塘江、瓯江上游，东面与武义、松阳交界，南与龙泉相邻，西部与江山和福建浦城接壤，北部和龙游、衢江区（现为衢汇区）、金华毗连。遂昌置县于东汉，历史悠久，面积2539平方公里，人口22.74万。遂昌还是一个素有"九山半水半分田"之说的典型山区县，光海拔千米以上的高山就有703座，1500米以上的山峰有40余座，其中的九龙山自然保护区主峰海拔更是高达1724米，为浙江省第四高峰。

遂昌素来被誉为"金山林海"，这可离不开重重叠叠的大山和它们所蕴藏的财富。大家可别小瞧了这重重大山，想当年可是红军打游击战的好地方，这里的许多山上都曾留下过当年红军英勇奋战的足迹，当年十大将军之首的粟裕将军就曾在这里开展了三年艰苦卓绝的游击战争，为此遂昌县也被授予"革命老根据地县"的光荣称号。当然，大山里还蕴藏着大量的财富呢。车子一路驶来，大家看我们山上种的最多的农作物是什么呢？对了，就是毛竹和茶叶，这是我们主导产业中的两种，也是本地农民主要的经济来源。当然，我们的地下资源也是非常丰富的，有远近闻名的江南第一矿——遂昌金矿，还有银矿山、萤石矿，以及喷涌而上的自涌温泉，这些都是不菲的财富。更为有趣的是"遂昌"这个县名也来源于山，遂昌原来叫"平昌"，因境内一座山上有两块平整的大小石头堆叠在一起，形似一个"昌"字，故便将这个地方取名为平昌。大家请看，这个"昌"字是不是有点像两块石头叠加起来的？后来，有人觉得这个"平"字掩盖了不断发展变化的意思，故而将其改为"遂昌"，即一步步逐渐昌盛起来的意思。

遂昌县置县于东汉末年，也就是公元218年，可谓历史文化悠久、人文积淀深厚。好川文化、汤显祖文化、民间传统文化、红色文化、产业文化等争奇斗艳。四千年前，勤劳朴实的先民在这里创造了"东方文明的曙光"——好川文化，目前已被列为全国考古重大发现。"江南第一矿"——遂昌金矿开发历史悠久，留有自初唐以来千余年的丰富矿业遗迹。此外，遂昌还是被誉为"东方莎士比亚"的戏曲奇才汤显祖的施政之乡，一代名将粟裕用武之地。明万历二十一年至二十六年（1593—1598年），世界百位文化名人之一、"东方莎士比亚"汤显祖在此主政五年，他看到遂昌的升平景象，如诗如画的秀丽山河，誉遂昌为"仙县"，自己是"仙令"，"仙县遂昌"之美名也是因此而来。遂昌良好的环境和社会的安稳，使他完成了世界戏曲名著《牡丹亭》的创作，被国人称为"戏圣"。汤显祖亲自传授的"昆曲·遂昌十番"传承至今，被誉为"音乐的活化石"，"班春·劝农"重现四百年前明代乡村农耕盛景，两者一同列入国家级非遗保护名录。1935年，刘英、粟裕率中国工农红军挺进师建立了以遂昌县王村口镇为中心的浙西南游击根据地，并在此展开了三年的游击战争。

各位游客朋友，当我们的旅行车逐渐驶近遂昌时，你是不是发现空气变得越来越清新了呢？的确是这样，遂昌目前是全国重点林业县，森林覆盖率达81.9%，被称为华东地区的一座天然大"氧吧"。因为生态环境好，森林覆盖率高，遂昌的空气呢也是特别的清新纯净，据测算，每立方厘米含有9100个负氧离子，高出世界清新空气的6倍以上。此外，由于处在钱塘江、瓯江上游，再加上生态环境保护得好，所以遂昌的水资源也在学丰富，境内的大小河流有600多条，而且水质优良，可开发的水电资源有30多万千瓦。此外，遂昌丰富多样的自然和人文景观也一定会让大家觉得不虚此行。比如，享有"生物基因库"美称的九龙山省级自然保护区不仅有神秘的"野人之谜"，其壮观的十里猴头杜鹃长廊，全国亦属罕见，更有迷人的原始森林和珍稀动植物；享誉海内的"江南第一矿"——遂昌金矿，让你目睹"黄金是怎样炼成的"；湖山自涌温泉更是开展养生保健游的理想场所；景色秀美，天水一色的白马山、湖山两个省级森林公园美不胜收。

　　值得一提的是，遂昌县还是丽水市工业强县之一，已形成六大主导产业，凯恩、元立、金矿、永化、利化被称为五朵金花。其中我们凯恩是丽水市唯一的一家上市公司。农村经济已形成茶、竹两大产业，"龙谷丽人"茶、遂昌黑陶、万宝鸟笼、石练菊米、黄沙腰番薯干、文照竹炭保健制品等都是知名的旅游商品。

　　朋友们，曾几何时，人们说起遂昌，印象里恐怕都是并不起眼的一个偏远小山区。尽管山还是那些山、水还是那些水，但近年来遂昌的知名度和美誉度却在快速提升，慕名前来的客人也是络绎不绝。想来，这当中的变化，无不得益于我们的山水资源和生态文明背景下的发展战略。几年来，遂昌已经成功打造了一批经典景区：有被誉为"江南第一矿""绿洲中的黄金世界"、国家首批矿山公园、国家 4A 级旅游景区、中国黄金之旅的遂昌金矿；云海缥缈的国际摄影创作基地、国家 4A 级旅游景区南尖岩；拥有"中华第一高瀑"、国家 4A 级旅游景区神龙谷；全球首个网络景区、被称为"江南小九寨"的国家 4A 级旅游景区千佛山；全国首个以竹炭文化为主题的国家 AAA 级旅游景区中国竹炭博物馆；此外，建成了汤显祖纪念馆、湖山红星坪温泉、大柘汤沐园、躬耕书院等文化养生休闲项目；打响了银都、长濂、大田、红星坪、汤山头等一批特色乡村品牌；全国唯一的金木水火土"五行旅游"风生水起："金"为中国黄金之旅，"木"为森林旅游、竹炭旅游，"水"为温泉湖泊养生、惬意漂流，"火"为红色旅游，"土"为休闲农业与乡村旅游。随着"五行遂昌，一诺千金"的旅游口号的提出，"金山林海、仙县遂昌"的区域形象也在显著提升，县域知名度和美誉度不断提升，获得了全国首批旅游标准化示范县、全国休闲农业与乡村旅游示范县、中国十大县域旅游之星、中国民间文化艺术之乡、中国最佳生态旅游县、中国旅游文化示范地、中国十大特色休闲基地、中国黄金之旅、中国绿色名县等"国字号"金名片。

游客朋友们，"要健康，到遂昌"，遂昌欢迎您，相信您一定不虚此行！

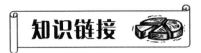

汤显祖与遂昌

汤显祖（1550—1616年）字义仍、号若士，今江西临川人，明代戏曲家、文学家。其戏剧作品《还魂记》《紫钗记》《南柯记》和《邯郸记》合称"临川四梦"，其中《牡丹亭》是他的代表作。

汤显祖与遂昌有着十分深厚的历史渊源，在他一生十五年从政生涯中，有三分之一时间是在遂昌度过的。从明万历二十一年（1593年）到万历二十六年（1598年）的五年里，身为遂昌知县的汤显祖兴学重教，奖掖农桑，驱除虎患，纵囚观灯，清廉正直，勤政惠民，赢得了百姓的爱戴。遂昌的秀美山川和淳朴民风更激发了汤显祖的创作灵感，吟诗作赋，啸闲咏歌，在当地留下了大量的作品，其享誉世界的代表作《牡丹亭》即酝酿创作于此。

为了纪念这位伟大的历史文化名人、弘扬民族文化，遂昌县于1995年4月在县城北街建成"遂昌汤显祖纪念馆"。

搜集汤显祖在遂昌任期内的故事，并与同学分享。

情境演练

1. 模拟讲解："遂昌"县名的由来。

2. 参考下列遂昌"金之旅"导游词范例,课外分小组搜集资料,撰写木之旅、水之旅、火之旅、土之旅的导游词,字数控制在 400 字左右,并练习讲解。

导游词范例

金之旅：遂昌金矿、黄金探秘

各位游客朋友,现在有句俗话说得可好了："金矿游一游,一生钱不愁",说的就是我们即将前往的遂昌金矿国家矿山公园景区。景区位于遂昌东北部,距县城约 16 公里,集黄金生产与环境保护于一体,生态良好、景观优美,被誉为"江南第一矿",也是目前全世界唯一一家千年金矿。其核心景区面积约 6.3 平方公里,景区内集中了大量的矿业遗迹、人文景观和自然景观,是一处集旅游、休闲、科考、度假为一体的工业旅游风景区。大家可要小心点走,因为你的每一步可都是踩在金子上的!

游客朋友们,我们现在参观的是遂昌金矿的博物馆金库,令您眼前一亮的是不是这块沉甸甸、亮闪闪的大金砖呢? 这块金砖重 12.5 公斤、纯度达 99.997%,按现在的黄金市场价计算,这块金砖的价值超过 300 万元,真是一块名副其实的"金招牌"! 有兴趣的朋友可以抱抱它、亲亲它,希望大家能多多沾到金气和财气。

孕育了这块大金砖的金矿可谓是处处有惊喜,大家也一定好奇"黄金是怎样炼成的",那么接下来的行程,请大家随我一同走入矿洞金窟,去寻找这些谜底吧!

千年古县，田园松阳

——松阳篇

惟此桃花源，四塞无他虞。

——宋·沈晦

张玉娘与"鹦鹉冢"

张玉娘（1250—1276 年），字若琼，自号一贞居士，宋末文学家，处州松阳（今属浙江丽水市）人。张玉娘自幼喜好文墨，尤其擅长诗词，当时人曾经将她比作东汉曹大家（班昭）。她著有《兰雪集》两卷，留存诗词 100 余首。她与李清照、朱淑贞、吴淑姬并称"宋代四大女词人"。

玉娘 15 岁时和与她同岁的书生沈佺订婚，沈佺是宋徽宗时状元沈晦的七世孙。沈张两家有中表之亲，两人青梅竹马。南宋咸淳七年（1271 年），22 岁的沈佺高中榜眼，怎奈天不由人，由于劳累过度、路染风寒，沈佺不幸病故。沈佺去世后，玉娘拒绝再婚，为沈佺守节。六年后，沉浸于相思和哀伤中的张玉娘也终于随未婚夫而去，年仅 28 岁。不久张玉娘的两名侍女霜娥、紫娥亦因悲痛而绝，张家蓄养的鹦鹉也"悲鸣而降"。

玉娘的死，感动了两家长辈，双方将两人合葬于县城西郊的枫林地，并将这"闺房三清"（即霜娥、紫娥和鹦鹉）陪葬在沈佺、玉娘的墓左右。此冢因而得名"鹦鹉冢"，冢边掘有一井，名"兰雪"（得名自张玉娘的遗著《兰雪集》）。

身体力行 📚

游客朋友们，有这么一个地方，她有田翠的茶园，有古朴的村落，鸡犬相闻是这里的最常态，田园牧歌是这里的代名词，这里便是松阳（见图 2-5）。松阳是丽水地区最古老的一个县，也是历史悠久、毓秀钟灵、风光旖旎、人才辈出的一块古老土地。因地处长松山之南，古人"山南水北谓之阳"，因而此地名"松阳"。早在新石器时期，松阳就有人类活动，东汉建安四年（公元199 年）建县，为处州建制之始，距今已 1800 余年，绝对无愧于"千年古县"的称号。

图 2-5　松阳山水

松阳县域面积 1406 平方公里，辖 3 街道 5 镇 11 个乡，401 个行政村，总人口 23.97 万。全县"八山一水一分田"，四面环山，全县森林覆盖率高达 73.8%；中部松古平原为浙西南最大的山间平原，它宛如"金瓯玉盘"，有良田千顷，物产丰饶，素有"处州粮仓"之称；主要河流松阴溪贯穿全境由西向东汇入瓯江。松阴溪两岸原生态的青山绿水、田园风光，以及道教圣地、国家级森林公园卯山景区，国家 4A 级景区、省级风景名胜区箬寮原始林景区等都别具韵味。

松阳历史悠久、人文鼎盛，是省级历史文化名城。曾先后涌现近百名进士，唐代道教天师越国公叶法善、"宋代四大女词人"之一张玉娘、南宋左丞相叶梦得和明《永乐大典》总编撰王景等都是松阳人氏。松阳文物古迹众多，最引以为豪的有"家珍三宝"：被誉为"浙江第一塔"的国家级重点保护文物延庆寺塔（见图 2-6）、被誉为"戏曲活化石"的国家级非物质文化遗产松阳高腔、青瓷中的极品国宝级馆藏文物南宋青瓷凤耳瓶。此外还有鹦鹉冢、兄弟进士牌坊、明清街坊、三庙（文庙、武庙、城隍庙），以及省级重点保护文物黄家大院、省级历史文化保护区石仓古民居群、省级历史文化村界首村等众多历史文化遗存。松阳还是革命老根据地县，1935 年，刘英、粟裕率领中国工农红军挺进师转战松阳，建立了以安岱后村为中心的浙西南革命根据地，成为第一次国内革命战争时期全国仅存的八个革命根据地之一，安岱后红色古寨被誉为"浙西南井冈山"。松阳还是红色将帅祖居地，叶挺、叶剑英、叶飞均为卯山叶姓后裔。

朋友们，自古以来，松阳就以其广袤盆地、丰足田园和淳朴民风被誉为"世外桃源"，唐代诗人王维曾有"按节下松阳，清江响铙吹"的动人描述，宋代状元沈晦更是发出了"惟此桃花源，四塞无他虞"的由衷赞叹。"千年古县、田园松阳"正以独特的魅力迎接您的到来！

图 2-6 延庆寺塔

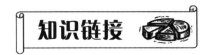

延庆寺塔

　　延庆寺塔风景名胜区位于松阳县城西的塔寺下村云龙山下，距县城 2 公里处，面积约 4.5 平方公里，是松阳标志性建筑之一，也是松阳唯一的全国重点文物保护单位。

延庆寺塔于北宋咸平二年（999年）动工兴建，咸平五年（1002年）建成，因塔址在云龙山下延庆寺前，故以寺取名。一千多年来，延庆寺塔从塔身构造到木构出檐都没有发现后人修缮的痕迹，是江南诸塔中保留最完整的北宋遗物，被誉为"江南稀宝""浙江第一塔"。延庆寺塔的建造者是著名高僧、与唐僧（玄奘法师）齐名的行达禅师，北宋太平兴国四年（979年），行达禅师奉诏西行去印度研究佛学十年之久，归国时带回佛经《大经论》八部、佛舍利四十九粒，受到朝廷重奖。为感恩于朝廷的嘉奖，行达禅师立誓要建两座塔，延庆寺塔就是其中一座（另一座在永嘉龙翔，已毁）。

小试牛刀

尝试向朋友们推荐大木山骑行茶园。

情境演练

1. 走访松阳石仓古民居群，并利用自身所收集的资料，分组改写石仓古民居的导游词，并练习讲解。

2. 宋代诗人朱琳《延庆寺塔》诗云："只恐云霄有路通，层层登处接星宫。洗花寒滴翠檐雨，惊梦夜摇金铎风。僧老不离青嶂里，樵声多在白云中。相逢尽说从天降，七宝休夸是鬼工。"诗人形象地描绘出了古塔巍伟壮丽的雄姿，高度赞美了延庆寺塔精湛的建筑艺术。请根据所搜集的资料，选取一个角度，向同学们介绍延庆寺塔。

木玩梦乡，童话云和

——云和篇

彩凤来人间，化作丹山状。

粘天余翠云，犹作文章想。

——清·王宸

云和木制玩具

云和木制玩具起步于 20 世纪 70 年代初，改革开放特别是邓小平南方谈话后，云和木制玩具产业开始出现发展高潮，大量的木制玩具企业应运而生，呈现出一派"家家户户办玩具"的景象。到 2003 年，这个人口只有 11 万的小县已有木制玩具企业近 500 家，从业人员 2 万人，占全县人口的五分之一；年产值从 80 年代初的 100 万元跃升到现在的 15 亿元，产品远销欧美、东南亚等地 30 多个国家和地区，年出口量占全国同类产品的 50%，成为中国乃至整个亚太地区最大的木制玩具生产集聚地。

1992 年云和开始规划建设云和特色工业园区，使云和木制产业更集聚、更规范、更富特色。1994 年在首届全国特产之乡评比中，云和被评为"中国木制玩具之乡"。2004 年 5 月，中国轻工业联合会正式授予云和"中国木制玩具城"荣誉称号。

身体力行 📚

各位游客朋友，欢迎来到"山水家园、童话世界"——云和！云和县始建于明景泰三年（公元 1452 年），"分丽水县之浮云、元和乡之半"建县，取名云和县。其实啊，这"云和"之名还有另外一层更加美妙的含义呢！在古代，天籁般的乐曲，便被称为"云和"。顾名思义，可见我们云和这样一个小小的山城有多美了！

云和县地处浙江省西南部，东邻莲都区，西倚龙泉市，南连景宁畲族自治县，北接松阳县，素有"九山半水半分田"之称。云和山脉有南部的洞宫山脉和北部的仙霞岭山脉余支，海拔千米以上山峰有 184 座，多分布在西南部，最高峰白鹤尖，海拔 1593.1 米。

云和地处中亚热带季风气候区，非常适宜绿色有机农产品的生产。云和雪梨是有着 500 多年历史的传统名果，经培育的新一代云和雪梨被授予"中华名果"称号，"云和雪梨酒"曾获 1915 年巴拿马万国博览会铜质奖章；云和黑木耳已成为国家地理标志产品；云和湖有机鱼已经通过国家有机食品发展中心认证，是继新安江水库之后全国第二家得到认证的单位。矿产资源以非金属为主，主要有萤石、叶蜡石、高岭土等，其中"小顺石"因"色彩变幻丰富、透明度高，受刀温润"等优点，深受印界、雕刻界青睐。

云和产业特色明显。近年来，云和提出了"山水家园、童话世界"的县域发展品牌，并从 2010 年开始启动了"中国童话休闲旅游城"和"山水童话乡村"建设。云和木制玩具产品畅销世界 70 多个国家和地区，占全国同类产品的近 50%、浙江省的 70%，是目前国内规模最大、品种最多的木制玩具生产、出口基地。木制玩具产业的兴盛，带动了云和根雕产业的发展。此外，云和还有深受印石界、雕刻界朋友青睐的小顺石。长期以来，根石文化的研究，根石作品的收藏，在云和有着广泛的群众基础。目前，全县从事根石艺术经营的商家达110多家，收藏及从业人员达1500多人。

总之，云和风景秀丽，生态良好，是全国生态环境十佳县、国家卫生县城、省级森林城市，境内拥有中国最美梯田——云和梯田和浙江省第二大人工湖——云和湖。云和人文资源荟萃，是全国文明县城、省级示范文明县城、浙江省革命老根据地县，有抗战文化、木玩文化、船帮文化、畲族文化、女神文化、银矿文化等诸多本土特色文化。

知识链接

云和梯田

作者：叶辛，选自2011年3月16日《人民日报》

浙江省的丽水已经是一个美丽的名字，丽水人说，如果这名字不美，怎么韩国人也跟着有一个叫丽水的地方呢。

可是云和人说，丽水这名字好是好，还是直白了一点，我们云和的名字，才是真正的美哪！

我问为什么？你们这云和地名，不就是明朝时候，为了便于管理和统治，划出浮云和元和两个乡，各取其中的一个字，取名云和的嘛！

嗬，云和人笑了，说你这是只知其一，不知其二。

我又问：其二是什么呢？

云和人侃侃而谈：在中国古代，天籁之音般的乐曲，就称之云和。到了我们云和的山水家园，感受那山花水色、炊烟牧童、耕牛犁田、雀鸟鸣啭、云雾缭绕，你自会觉得一种天籁云和般的境界。要不，仅仅是拼凑两个字，我们怎么不叫浮元而偏偏定了云和呢！我们的古人是有道理的。

我信服了，若论风光景色，云和真是一点也不输于丽水，更不输于挨着她的仙居。记得，十来年前，我第一次走进云和，就是先到了仙居，然后才坐车进入这个人口才十万的山乡小县的。在静谧安宁的云和小小的平房招待所里，住过一个夜晚，真切地感受到这是一方远离尘世喧嚣的桃源胜地，印象极为深刻。晚饭后闲步溪畔，聆听浮云溪的低吟浅唱，不由赞叹，是一种难得的享受。

可是云和人又说了，我们云和最美之处，不是别处也有的山光水色、民俗风情，而是梯田。

梯田？我说梯田在中国各地，在世界各国不是也都有嘛，在广西、在云南、在我曾经插队落户的贵州，山乡的梯田，我见得多了。

不一样，不一样，云和人振振有词，云和梯田（见图2-7）是中国最美梯田，世界最美梯田。

噢，敢于这么讲的，想必这里的梯田是有独特之处。我依稀记得，十来年前透过客车的窗户，我见过一眼云和的梯田。那是春天，正是打田栽秧的季节，一块块高低错落的梯田，灌满了春水，有农民在映出蓝天白云的梯田里耙田，也有农民扛着耙子，在溜窄的田埂上走过，还有农民在离公路不远的梯田里插秧，当时刚刚欣赏过云龙湖的绮丽山水，看到这一番我当知青时见惯了的春耕图，只觉得有几分亲切，也没感受到这梯田有何奇特之处。我问，我见过的是否云和梯田，云和人笑着道，这只是云和梯田中春漫田畴的景象，挺一般的。

正是秋天，气候又正合适，我决定趁着这第二次走进云和的机会，好好地欣赏一下云和梯田。

图 2-7　云和梯田

起了个大早，坐着吉普车往山乡赶的时候，天还蒙蒙亮，左弯右拐、盘山而上的公路，笼罩在朦胧的雾色里，我心里说，雾这么大，到了大山的怀抱里，能看得见梯田吗？

云和人以肯定的语气道，能看得见，看云和梯田，就是要有雾，才有味道哩。

事实证明，不赶这一趟早，就看不到云和梯田的拂晓景色，看不到云和梯田的晨光序曲，看不到云和梯田的田畴初沐。哦，原来云和梯田的水光山色，是随着天色的变化而变幻的。天蒙蒙亮的拂晓时分，只能看到浩浩渺渺的雾岚之下，目力所及的几层梯田，看得见梯田收割过了，看得到留着谷桩的梯田又灌了水。吉普车已把我们送到了山巅高处，田里收获不久，就灌满了清水，足以证明山有多高，水便也有多高的俗谚。就是这来自高山深处透明清澈的水唷，穿越亘古而来，一股一股的浸润，一溪又一溪的汇聚，滋润着高处的一块又一块梯田，把原先生蛮的土地养育成了良田沃土。

在我冥冥沉思之间，眼前浩茫一片的雾岚轻纱曼舞一般跃动起来，升腾起来，仿佛有一只巨手，掀开了偌大的蒙纱雾，云和梯田的面貌像揭幕般露出了她那妩媚的一面，自高而低、自上而下、自近而远，只见线条弯曲流畅的千百条田埂，一直伸展到目力所及的远处，和周边的高山、丘陵、谷地融合在一起，和紧挨着的村舍连接在一起，那真是如梦似幻的童话世界。陡地，白茫茫的云海之上，一轮旭日从东方喷薄而出，万道金光挥泻而来，云和梯田沐浴着阳光，犹如拂去了面纱的美女一般，坦露出她那绮丽多彩的姿态。

我贪婪地观赏着眼前面积有大有小，线条有长有短，形状妖娆娇美，层层叠叠铺展到山岭远方，立体感极强的云和梯田，我赞叹着云和人自古以来用勤劳的双手，用一种筑田岸，铲田坎的传统方式，向大自然求爱，千年生命接力，创造出云和这古老而又年年焕然一新的诗画世界。不是么，眼前这千百块收获以后的梯田，注满了清泉，经过一冬的泡田，到了来年春天，又会焕发勃勃生机，又会在春光里荡漾着涟漪，唤起新的一年农人的希望。

你看看这梯田，像不像乐谱。云和人又在我身旁说开了，到了下午，云和梯田就像千百块巨大的镜子，明亮得能晃你的眼睛。而到了傍晚，你看嘛，云和梯田又变成金色的了。至于一年四季，云和梯田的景色变化，那就更大了，春漫田畴的景致你是见过的，像串串银链挂在山间，像泽国，似湿地，更仿佛银镜世界。而到了夏天，你来看，那是漫山遍野的佳禾吐翠时节，一层层一叠叠的绿浪延伸到天边。秋天来临，轻风穗浪，谷米饱满，迎面吹来的风里，都是稻谷的清香。而到了隆冬，云和梯田就笼罩在浓雾中，给人悠然的缥缈之感，雪天里堪称云和梯田最美的时节，层层梯田白皑皑一片，千层冰封，万山雪飘，阳光一照，雪霁后的梯田闪烁出银白色的光芒……

我任由云和人在身边滔滔不绝地介绍着，我理解他们对家乡的感情，我相信他们对云和梯田的渲染，因为我的眼前，就是一块块没有相似形状的云和梯田，展现着亦山亦水的奇观。

小试牛刀

分小组搜集相关资料，设计一份云和旅游攻略，并在全班分享。

情境演练

参考前文"知识链接"中作家叶辛对于云和梯田的描写，搜集相关资料，撰写一篇关于云和梯田的导游词，并练习讲解。

神奇畲乡，养生福地

——景宁篇

桂苑香飘犹未了，菊篱艳放正嫣然。

登高一览情无限，大地山河计万年。

——清·文维新

畲族的凤凰情结

畲族的凤凰情结，与他们认定的民族发祥地广东凤凰山和三公主的传说有着天然的关联。畲族视本族女性为凤凰化身，而勤劳善良聪明美丽的畲族妇女以对本民族的卓越贡献博得同胞的普遍尊敬，从而形成了畲家特有的"崇凤敬女"习俗。

畲族妇女最主要的装束就是"凤凰装"：红头绳扎的长辫高盘于头顶，象征着凤头；衣裳、围裙（合手巾）上用大红、桃红、杏黄及金银丝线镶绣出五彩缤纷的花边图案，象征着凤凰的颈项、腰身和羽毛；扎在腰后飘荡不定的金色腰带头，象征着凤尾；佩于全身的叮当作响的银饰，象征着凤鸣。已婚妇女一般头戴"凤冠"。它是在精制的细竹管外包上红布帕，悬一条30多厘米长、3厘米宽的红绫做成的。冠上有一块圆银牌，下垂3个小银牌于前额，称为"龙髻"，表示是"三公主"戴的凤冠。

关于凤凰装还有个美丽的传说：畲族的始祖盘瓠王因平番有功，高辛帝把自己的女儿三公主嫁给他。成婚时帝后给女儿戴上凤冠，穿上镶着珠宝的凤衣，祝福她像凤凰一样给生活带来祥瑞。三公主有了儿女后，也把女儿打扮得像凤凰一样。当女儿出嫁时，凤凰从广东的凤凰山衔来凤凰装送给她作嫁衣。从此，畲家女便穿凤凰装，以示吉祥如意。有些地方把新娘直接称为"凤凰"。因为新娘具有"三公主"的崇高地位，所以在新郎家拜祖宗牌位时是不下跪的。男子的装束与汉族大同小异。

身体力行 📚✏️

　　游客朋友们，畲乡景宁欢迎您！景宁畲族自治县是浙江省丽水市辖县，而且是浙江省唯一的民族自治县，也是全国唯一的畲族自治县，有"中国畲乡"之美称。它地处浙江省南部，面积 1900 多平方公里，人口 17 万，其中畲族人口 1.6 万。景宁县境西周、春秋时属越地；三国时属临海郡；隋开皇九年（589 年）废永嘉、临海二郡，置处州设立括苍县（含景宁地域）；明景泰三年（1452 年）析青田县柔远、沐鹤 2 乡置景宁县。1985 年 4 月 22 日，即畲族传统的"三月三"节，中国第一个畲族自治县——景宁畲族自治县正式成立。

　　畲族自称"山哈"，是与他们的居住环境、迁徙历史有关。"山哈"是指山里客人的意思。先来为主，后来为客，先来的汉人就把这些后来的畲民当为客人。因而，景宁汉族称他们为"客家人"，畲族则称汉族为"民家人"。关于畲族的来源,学术界普遍认为畲族是广东潮州市凤凰山的土著居民。"畲"字来历甚古，在《诗》《易》等经书中就已出现，原义为火耕。"畲"字读音有二，读 yú（余），指刚开垦的田；读 shē（奢），意为刀耕火耘。"畲"字衍化为族称，始于南宋时期。南宋末年，史书出现"畲民""輋人"（輋与畲同音，意在山间搭棚居住）的族称。《宋季三朝政要》称闽、粤、赣交界地域的畲民武装为"畲军"。元代以后,"畲民""畲徭"同时使用。清康熙、乾隆、同治《景宁县志》均设"畲民"一目。民国十八年(1929年)夏,德国学者史图博和上海同济大学教师李化民到景宁畲乡考察,撰写了《浙江景宁县敕木山畲民调查记》,对景宁畲族的族称、姓氏、风土人情等作了介绍,这也成了研究民族学的史料。

各位游客,现在我们来到了县府所在地鹤溪镇。鹤溪镇是畲族最集中的居住地,其下辖的叶山头自然村是畲族祖先1200年前入迁时的落脚点。鹤溪,古称沐鹤溪,因汉初浮丘伯携双鹤隐居此间,筑台垂钓,沐鹤于溪而名,镇因溪名。明景泰三年(1452年)置县,始为县治。崇祯十三年(1640年),知县徐日隆叠石为城,周长二里许,建承恩、行春两门并小东门、南门、小南门、西门,遂有城郭。清代设行春、锦衣、西河、统政4坊。除1960—1984年6月撤县期间外,历为景宁县政治、经济、文化中心。

鹤溪镇地理位置独特,民风淳朴,畲族文化底蕴深厚,是汉初中原大儒浮丘伯的隐居之地、秦始皇炼丹博士卢敖的升仙之所;宋元明清以来,官宦文化名士众多,还是第二次国内革命战争的老根据地;抗战时期,浙江省府内迁教育厅财政厅的驻地,文物繁富。至今,该镇保存完好的文化历史有"桂山石印、景宁孔庙、潘氏节孝坊、四格蓝氏宗祠、双后岗村宝灵大殿、敕木山汤夫人庙、周湖雷氏宗祠、梅家老屋门楼"等等。鹤溪镇既是畲族集居地、畲族文化的集聚地,也是浙闽畲族文化的交流中心。其荣膺"中国历史文化名镇",对保护畲族历史文化、彰显畲族风情内涵、推动景宁民族旅游事业的发展有着重要意义。

知识链接

三月三

"三月三"，即每年农历三月初三，是畲族人民的传统节日。每年此日，畲民们云集宗祠，自晨至暮，对歌盘歌，怀念始祖，并采撷乌稔树叶，取其嫩叶汁浸糯米炊制乌饭，款待宾客，以驱邪祈福，故又称"乌饭节"。"畲族三月三"已被列入第二批国家级非物质文化遗产名录。

自 2001 年开始，景宁统一使用"中国畲乡三月三"品牌名称，使活动逐步走向成熟，文化内涵与载体设置均有较大拓展，已举办过全国畲族服饰设计大赛、山歌大赛、畲族文化与旅游研讨会等活动。在 2012 年 9 月举办的第三届中国民族节庆峰会上，中国畲乡三月三荣获"最具特色民族节庆"称号。

小试牛刀

分组搜集有关畲族起源、节日、风俗等相关资料，制作一份手抄报，并进行展示与分享。

情境演练

走访中国畲乡之窗景区，就你最感兴趣的内容，参考相关资料撰写导游词，分组练习讲解。

导游词范例

<h2 style="text-align:center">畲族姓氏的由来</h2>

"亲生三子生端正,皇帝殿里去罗姓。大子盘装姓盘宇,二子蓝装便姓蓝。第三细崽正一岁,皇帝殿里罗名来。雷公云头响得好,笔头落纸便姓雷。忠勇受封在朝中,亲养三子女一宫。招得军丁为驸马,女婿本来是姓钟。"关于姓氏,这首畲家世代口口相传的《高皇歌》里是这样描述的。尽管各地版本略有差异,但大体讲述都是与畲族祖先盘瓠的故事。

相传在远古高辛帝时期,西方戎族作乱,高辛帝许诺谁能斩下戎族首领吴将军的脑袋,就将三公主嫁他为妻。结果揭榜的勇士都有去无回。就在高辛帝心急如焚之时,英雄盘瓠出现了,他趁着吴将军酒醉之时取下了他的首级,并带了回来。他与三公主完婚后生育了三男一女,后因盘瓠不愿做官,便带领着妻子儿女举家南迁到广东潮州凤凰山,以狩猎山耕为生,并繁衍生息发展成了畲族。盘瓠长子叫作盘自能,因为盘子得姓;次子叫蓝光辉,因着蓝装而得姓;三子叫雷巨佑,因天上响雷而得姓;女儿嫁给了钟姓男子。这就是畲族四大姓的由来。

根据人口普查显示,丽水境内的畲族有蓝、雷、钟三姓,那盘姓到哪里去了?原来在由凤凰山向北迁徙的过程中,盘姓失散了。在福建霞浦县畲族族谱中还有关于盘姓迁徙途中船只被吹走的记录,而在福建与广东则依旧保留着盘姓。

世界青田，石雕之乡

——青田篇

何年霹雳惊，云散苍崖裂。

直上泻银河，万古流不竭。

——唐·李白

刘基与青田

刘基（1311 年 7 月 1 日—1375 年 4 月 16 日），汉族，字伯温，谥文成，元武宗至大四年（1311 年）出生于江浙行省处州府青田县南田山武阳村（今南田山武阳村，于 1948 年划归温州文成县），故称刘青田。元末明初军事家、政治家、文学家，明朝开国元勋，明洪武三年（1370 年）封诚意伯，故又称刘诚意。武宗正德九年追赠太师，谥号文成，后人称他刘文成、文成公。

刘基通经史、晓天文、精兵法，他辅佐朱元璋完成帝业、开创明朝并尽力保持国家的安定，因而驰名天下，被后人比作诸葛武侯。朱元璋多次称刘基为："吾之子房也。"在文学史上，刘基与宋濂、高启并称"明初诗文三大家"。刘基还以神机妙算、运筹帷幄著称于世，因而中国民间广泛流传着"三分天下诸葛亮，一统江山刘伯温；前朝军师诸葛亮，后朝军师刘伯温"的说法。

身体力行 📖

　　各位游客，欢迎来到"石雕之乡"青田！青田地处浙江省东南部、瓯江中下游，东连永嘉、瓯海，南接瑞安、文成，西临莲都、景宁，北靠缙云。全县总面积2493 平方公里，人口 52.79 万，其中华侨约 25 万。青田县自唐睿宗景云二年（公元 711 年）置县，至今已有 1300 多年，原来隶属处州，新中国成立后，属温州专区；1963 年 5 月改属丽水地区；2000 年 7 月，丽水撤地设市，青田县隶属于丽水市。

　　据县志记载，青田因太鹤山下盛产青芝，而取县名为芝田，后来改叫青田。瓯江是青田人民的母亲河，传说我们的祖先轩辕曾驾舟从缙云来到青田，忘情地翻阅大自然的杰作石门瀑布，至今轩辕遗迹犹在；光武帝、宋高宗也曾在瓯江浪里飞舟，留下许多动人的故事；历代名宦豪客，如谢灵运、李白、王安石、秦观、沈括、文天祥、陆游、汤显祖、袁枚、郭沫若等人，面对滔滔江水，或高歌"浪淘尽千古风流人物"，或赞美一篙绿水，两岸青山……瓯江，可谓是连接中华历史的通道，青田山川的骄傲。

　　青田的自然资源丰富，可开发的水能资源有 120 多万千瓦，已经建成的省五大百亿工程之一——滩坑水电站，静态投资 48.3 亿元，装机总容量 60 万千瓦，库面形成 70 多平方公里的水面，蓄水后将是浙江第二个"千岛湖"；已探明有钼、铅锌、叶蜡石等 30 多种矿产资源，其中叶蜡石储量占全国的 1/4，青田石雕选用石即叶蜡石的高级软石，有"中国蜡都"之称。

　　此外，青田的特色农产品也相当丰富。青田稻田养鱼已有 1200 多年的历史，2005 年其"稻鱼共生系统"被联合国粮农组织列入首批四个"全球重要农业遗产保护项目"之一，在亚洲、中国都是唯一；青田的"山鹤牌"杨梅，果大似乒乓，汁多甘甜爽口，深受消费者欢迎，于 2002 年通过了国家 A 级绿色食品认证。

青田石雕是青田的一张"金名片"，有 6000 多年的历史，作品取色天然、古朴典雅，旧时作为江南名产，屡屡被选进宫。经过岁月沧桑，青田石雕名闻天下，艺冠全球，不仅形成了极富地域特色的石雕文化，还逐渐发展成为青田的一大支柱产业。2006 年，青田石雕入选首批国家非物质文化遗产保护名录，2010 年，青田又被授予"中国石文化之都"的称号。

青田华侨是青田的另一张名片。青田人侨居国外已有 300 多年历史，全县现有 25 万华侨，分布在世界 120 多个国家和地区，主要分布在西欧，可以说有太阳升起的地方就有我们青田华侨。他们在海外白手起家、艰难创业，将中国传统文化和异国文化融合在一起，形成了大气精致、开放兼容的特性，不断丰富了青田文化的内涵，铸就了"大气开放、创业天下"的青田精神。

各位游客，青田的山水孕育了走天下的人们，青田的石头创造了国之瑰宝，青田的自然风光与人文历史交相辉映，东方文化与西方文化相互交融，在中国很难拷贝出这样的县城，它以宽广的国际视野和狭窄的地理空间，折射出了无限的魅力！我们青田人正张开热情的怀抱，喜迎您的到来，请您跟随我尽情体验独特的"风情侨乡，石雕青田"！

知识链接

青田石雕

青田石雕是以青田石作为材料雕刻而成的艺术品，被喻为"在石头上绣花"。

青田石雕的美，不仅在于其载体——青田石的自然美，更在于其雕艺的精湛。自元末著名画家、诗人王冕首创以青田石冶印以来，青田印石便开始堂而皇之地进入骚客雅士的书斋乃至荣登皇帝、重臣的几案。

1790年，两套由青田灯光冻石制的印纽《宝典福书》和《元章寿牒》作为贡品进献八旬乾隆皇帝，拉开了石章进故宫的序幕。自17世纪末18世纪初，青田石雕经艺人带至国外贩卖，进入了国外市场，并先后在美国芝加哥"圣路易博览会"、南京"南洋劝业会"、美国"巴拿马太平洋博览会"及英国伦敦的"中国艺术国际展览会"上展出并获奖。新中国成立后，青田石雕又以其独特的精湛技艺被外交部首选为国礼赠予苏联、美国、朝鲜、新加坡等国元首。1992年，青田石雕被邮电部选为特种邮票发行；2001年，与寿山石、昌化石、巴林石并称为中国四大名石，同时率先取得全国首家石刻类原产地证明商标；2006年，荣登"中国第一批非物质文化遗产保护名录"。

小试牛刀

1. 了解青田作为侨乡背后的故事，并撰写学习心得。

2. 搜集刘基与青田的渊源与故事，并与同学分享。

情境演练

1. 走访刘基读书处——石门洞景区，搜集相关资料，撰写一篇导游词。

导游词范例

摩崖石刻

　　游客朋友们，刚才说到南宋的谢枋得，现在说说另一位姓谢的大名人，那就是东晋的谢灵运。说起谢灵运，那可非同一般，他是生活在东晋末年的文学家、诗人。他的祖父谢玄系东晋名将，在著名的"淝水之战"中，谢玄为先锋，率8万"北府兵"大破符坚的90万之众，创下中国战争史上最著名的"以少胜多"战例。毛泽东同志非常欣赏谢玄，他在指挥中国革命战争的论著中多次提到"淝水之战"。谢灵运的母亲刘氏是大书法家王羲之的外孙女，谢灵运本人是中国山水诗的开创者，是第一个大量创作山水诗的诗人。早在南朝宋景平元年（公元423年），谢灵运任永嘉太守期间，乘舟游览瓯江并前往缙云仙都。船行到这里时，天下起了暴雨，艄公只好将船划到石门湾内躲避，当晚就宿在船上。夜里谢灵运在船舱里看不到几页书就打起盹来，朦胧之间似有一神仙邀他上岸游玩：只见曲径通幽，翠松绿竹成林，青山秀水相映，一泓瀑布从天而泻。次日一早醒来，游兴大增，便涉足探幽，果真发现与梦中一样的"桃源仙境"，十分高兴，就将它命名为"石门洞"，且称之为"东吴第一胜事"，并在石门洞留下了《石门新营》《石门最高顶》《夜宿石门岩上》三部诗篇，留刻于石门洞崖壁之上。

　　"山不在高、有仙则名"，自谢灵运之后，石门洞便开始名声远播，历代文人墨客纷至沓来。如：李白、王安石、沈括、王十朋、郑复初、汤显祖、阮元、袁枚、朱彝尊、郭沫若等一大批名人，他们在这里赋诗题词，留下了大量的文学、书法和旅游价值极高的摩崖题刻（见图2-8）。石门洞现有摩崖碑刻117处，是浙江省摩崖碑刻分布密度最大的风景名胜区。接下来我简单介绍一下旗鼓山的摩崖题刻，这里摩崖题刻有篆、隶、魏、楷、草、行书书体皆备，风格各异，共有16处，有徐树铭（清文学家、书法家）的隶书"石门洞天"；鲁涤平（民国时当过浙江、江西省长）正（楷）书：山水清音；方亨咸（早清书画家、顺治进士）的魏书"石门"；林惠臻的隶书"泉分清浊"等等。

图 2-8　摩崖石刻

大家请看，这边的两个字是什么字？——"潜虹"！这是石门洞景区唯一一处篆体摩崖石刻。这是民国十年即 1921 年，杭州名士陈文斌来石门洞游览，天下了阵雨，雨后初晴在此看到一道彩虹把龙山、虎山连在一起，景色独特，当场就写下了别具一格的"潜虹"二字。

2. 请搜集、参考相关资料，撰写一篇关于"青田稻鱼共生系统"及相关景点的导游词。

导游词范例

青田稻鱼共生系统

青田县稻田养鱼距今已有 1200 多年历史，最早是由农民利用溪水灌溉，溪水中的鱼在稻田里自然生长，经过长期驯化而形成的天然稻鱼共生系统。古青田县志中记载，"田鱼，有红、黑、驳数色，土人在稻田及圩池中养之"。田鱼，是淡水鱼中的一种，由鲤科鱼类深化而来，有红、黑、花、白、青、粉等颜色，由于自古在稻田中养殖，故俗称"田鱼"。田鱼虽然出自稻田而无泥腥味，肉质细嫩，味道鲜美，鳞片柔软可食，营养丰富，深受人们的喜爱。

人间仙都，缙云石城

——缙云篇

> 黄帝旌旗去不回，片云孤石独崔嵬。
>
> 有时风激鼎湖浪，散作晴天雨点来。
>
> ——唐·白居易

白居易与鼎湖峰

一千多年前，唐代大诗人白居易来到丽水大地，并在游览缙云仙都鼎湖峰（见图 2-9）后留下了一首著名的诗："黄帝旌幢去不回，片云孤石独崔嵬。有时风激鼎湖浪，散作晴天雨点来。"

公元 822 年 7 月至 824 年 2 月，年过半百的白居易来到杭州任刺史，官场失意的他在看到美丽的西湖山水时，极为振奋，疏通六井和筑西湖湖堤，为杭州做了许多好事情。也就是在这期间，白居易来到缙云仙都游览。这已是 1180 年前的事了，白居易来到了仙都鼎湖峰下，看着如此崔嵬的石笋，在微风的吹荡之下，头顶飘荡着鼎湖浪带来的丝丝清凉，他于是诗兴大发，写下了脍炙人口的诗句。白居易的到来，是为仙都的石笋还是为了祭祀黄帝，我们很难得知，但从诗文中，我们可以看出，两者似乎兼得了。

"鼎湖之下乐天诗，胜过仙都一片石"，石笋原本是一块奇石，却因为有白居易这样的名家诗词的装点，才使它更加鹤立鸡群。

图 2-9　鼎湖峰

身体力行

　　游客朋友们，大家好！欢迎你们来到"人间仙都"缙云！"缙云"一词，最早出自春秋战国古籍《左传》中的"缙云氏"，这是轩辕黄帝的一个名号，可见缙云的县名与黄帝也是有着千丝万缕的联系的。除了悠远神奇的黄帝文化，坐落于缙云县城东 7 公里处的仙都风景区，更是赋予了缙云县"人间仙都"的神秘雅号。缙云仙都自隋代起闻名于世，据记载，唐天宝七年（748 年），时任刺史苗奉倩以彩云仙乐出现于缙云山，上报于朝，唐玄宗惊叹道："是仙人荟萃之都也！"遂亲书"仙都"二字，其名一直沿用至今。现在的仙都风景区分布于东西约 10 公里的练溪两岸，由姑妇岩、小赤壁、倪翁洞、鼎湖峰、芙蓉峡等游览区组成，计有 72 奇峰，18 处名胜古迹。

接下来，我再为大家介绍一下缙云县的概况。缙云县地处浙江省中南部、丽水市东北部，以境内古缙云山而得名，周边与永康、磐安、仙居、永嘉、青田、丽水、武义等县市相邻，总面积 1503 平方公里，总人口 43.6 万。县城五云镇西距丽水市 38 公里，北距杭州市 262 公里。全县地势东南部峰峦叠嶂，溪涧纵横，是括苍山脉与仙霞岭的过渡地带，大洋山主峰为括苍山脉最高峰，海拔 1500.6 米；县城地势自东向西倾斜，所以西北面多系低山丘陵，为缙云的主产粮区。

缙云是浙江省瓯江、钱塘江、灵江三大水系的主要发源地之一，全县主要有好溪、新建溪、永安溪三条山溪性河流。其中好溪为县内最大的河流，发源于磐安县大盘山，自东北向西南斜贯穿境入丽水，干流在境内长 66.11 公里，流域面积 791.8 平方公里。缙云地处中亚热带气候区，四季分明，温暖湿润，日照充足，而且由于地势起伏升降大，气温差异明显，还具有"一山四季，山前分明山后不同天"的垂直立体气候的特征。县域森林覆盖率 75%，为国家生态示范区。

缙云历史悠久，早在新石器时代就有人类活动，有文字可考的历史将近 2000 年。历史记载，"缙云"是黄帝的名号和封底，唐武周万岁登封元年（696 年）建县，命名缙云县。近年，缙云县探索实施"产城融合、城乡一体"的发展战略，社会经济快速发展，农业以蚕桑、茶叶、香菇、水果、中药材、高山蔬菜、笋竹、禽畜养殖等为主导产业。缙云麻鸭是全国最大的生产基地，有"中国麻鸭之乡"的美誉。

游客朋友们，缙云虽是个小小山城，其历史却是丰富多彩，来过之后，您就会发现，这的确是一个神奇秀美的好地方。这几天，我将带大家一起体会缙云的好山好水，我们可以看仙都的奇峰异石，可以观大洋山的日出云海、竹海花海，还可以探寻轩辕黄帝的踪迹，领略灿烂的历史文化，考察各种绿色蔬菜水果的生态农业基地，也能品尝到鲜美的好溪鱼、土面、麻鸭等地方风味……相信我们的缙云之旅一定精彩生动，体验到"游遍名山走大川，仙都归来都是仙"的美好感受。

黄帝在缙云

据传黄帝在缙云活动过的地方很多，后人为了纪念黄帝，凡是黄帝去过的地方，均以他的名号来命名。如黄帝车辇驻跸的地方叫"黄跸"，后改成黄碧（现缙云县新碧镇的黄碧村、黄碧街等）；黄帝临时的住屋叫黄寮；黄帝曾经坐过的山石叫轩辕石（步虚山上）、蹲过的洞为天堂洞（仙都山主峰上）。中官的驻地在黄帝车辇附近，叫黄云山（缙云县新碧镇内孙后山）；春官的驻地叫青云山（缙云县城北）；夏官的驻地叫缙云山（即仙都山）；秋官的驻地叫白云洞（缙云县城南）；五位大臣集中议事的地方叫缙云墟（今缙云县老城区）。这些传说、记载或史实充分表明，缙云的黄帝文化是经历朝历代逐步扩大影响和深入人心的，具有深厚的历史底蕴和文化渊源。

小试牛刀

搜集、摘抄古今名人名士描写缙云的诗词名句，并与同学分享。

范例：南宋·王十朋：皇都归客入仙都，厌看西湖看鼎湖。

情境演练

1. 走访缙云河阳村，搜集相关资料，撰写导游词并练习讲解。

2. 走访仙都风景名胜区，并选取你印象最深的一处景点，撰写导游词并练习讲解。

导游词范例

黄帝祠宇

朋友们，我们面前这座庄重朴实的唐代风格建筑就是黄帝祠宇。黄帝祠宇，是国家级重点风景名胜区——仙都最主要的人文景观，它位于仙都山主峰和步虚山之间的苍龙峡口。相传早在春秋战国时期，它就是轩辕黄帝行宫——三天子都所在地，是黄帝驾龙登天之处。仙都是我国南方祭祀黄帝的重要场所，黄帝祠宇（见图2-10）是仙都景区的灵魂，前身称为缙云堂，约建于东晋成帝咸和年间（公元330—334年），作为祭祀黄帝的活动场所。唐天宝七年（公元748年）唐玄宗李隆基敕改缙云山为仙都山后，为了纪念轩辕黄帝，改名黄帝祠宇，由著名小篆书法家、缙云县令李阳冰撰写，也就是从此时开始官方祭祀黄帝，于是，黄帝祠宇的知名度不断提高，使之逐渐成为江南人民朝圣问祖之所。北宋年间因道教盛行，祭祀黄帝往往以道教形式进行，北宋治平二年（1056年），朝廷下旨改为玉虚宫。北宋宣和二年（1120年），它毁于战火，后到南宋景定元年（1260年）修复。到宋咸淳三年（1267年）两浙转运使潜说友拨款扩建达到鼎盛，总共占地30多亩。有殿、堂、祠、宫、轩、廊、亭、门等共99间，为中国古代道教活动中心之一，居三十六小洞天之二十九洞天，称仙都祁仙洞天。明代朝廷加强了对宗教控制，玉虚宫逐步毁弃，到清初只剩下废墟一片。

图 2-10　黄帝祠宇

1994 年缙云县人民政府决定重建黄帝祠宇，恢复中华民族始祖黄帝"北陵南祠"的格局。该建筑具有盛唐风格，气势恢宏。祠宇坐东朝西，建筑面积 5700 平方米，占地面积 12800 平方米。黄帝祠宇主殿为重檐歇山顶建筑，高 30 米，其中台基高 9 米，祠宇大殿高 21 米。大殿为 5 开间，面阔 36 米，进深 30 米。大殿的承重柱为 30 根钢混水泥柱，直径 75 厘米，其余构件均为木制。

黄帝祠宇再现了中华民族共同始祖黄帝的神采，重叙了充满神奇魅力的遥远故事，具有很高的艺术价值和纪念意义。黄帝祠宇的重新建成，使仙都风景名胜区重新成为中华民族子孙寻根问祖的重要场所。每年均在此举行祭祀活动，清明是民祭，重阳是公祭。

大家请随我步上台基，这座三层须弥座台基共59级，有"九"有"五"，含义为"九五至尊"，代表了黄帝祠宇至高无上的等级。我们来看祠前这尊神鼎，高1.6米，重3000斤，上铸古篆"真金作鼎，百神率服"八字，系原黄帝古鼎铭文。

寻梦廊桥，菇乡庆元

——庆元篇

独飞溪谷千余载，风雨侵蚀永不朽。

为民为客休安过，天下惟有木廊桥。

——明·柳祖康

庆元历史上官阶最高的官员——侍郎胡纮

他是朱熹的政敌，是反"伪学"的重要人物；他曾当过三个部的侍郎，"庆元"县名因他而来。他就是胡纮。胡纮（1137—1203 年），字应期，处州龙泉县（今隶庆元县境内）人，自幼颖悟好学，博学强记，才华出众。旧县志载："家贫无置书钱，有贩者求售，读遍还之即不忘"。南宋隆兴元年（1163 年）中举进士，官至工部、礼部、吏部侍郎，属于如今的副部级高官。

胡纮对庆元有着标志性意义，南宋庆元三年（1197 年），正是他给皇帝宋宁宗赵扩上了一道奏折，就是他说乡亲们去一趟龙泉县城几百里，太不方便，于是皇帝新划了一块地（"析龙泉县南松源乡及延庆乡部分地"）设县，取名"庆元"，这是庆元历史上第一次有了正式县级建制。

身体力行

各位游客朋友，欢迎踏上"寻梦廊桥之旅"！我们现在来到的地方就是以廊桥文化闻名、有"中国生态环境第一县"之称的庆元县了。庆元县始置于南宋宁宗庆元三年（1197年），至今已有800余年的历史。

朋友们，一踏上这片土地，您是否就感觉到这里的山更青、水更秀、空气有点儿甜呢？的确，我们整个庆元县就仿佛是一个生态旅游区，这和这里的地理位置、气候条件、植被条件、生态系统是分不开的。庆元气候属于亚热带季风区，年平均气温17.4℃，可以说是"冬无严寒，夏无酷暑"。这里山清水秀，气候宜人，森林覆盖率86%，水流两省达三江，是瓯江、闽江、福安江"三江之源"。国家级自然保护区百山祖，最高峰海拔1856.7米，为江浙第二高峰，保护区内保存着大片原始森林，珍稀动植物资源十分丰富，全世界最濒危的十二种植物之一、国家一级保护植物百山祖冷杉就在保护区内，世界极度濒危的十大物种之一、国家一级保护动物华南虎踪迹重现百山祖，世界保护级别最高的"极危生物""水中大熊猫"桃花水母惊现竹口镇山后坑水库。举水冰臼群被证实是目前我国发现的面积最大、纬度最低、个体最大、保存最好的火山岩区冰臼群。2004年，国家环境监测总站根据卫星遥感数据和生态环境现状调查数据，从生物丰度、植被覆盖、水网密度、土地退化、污染负荷五个方面，计算出全国各地生态环境质量指数EQI并进行排序，庆元县在全国2348个县（市、区）中名列第一，成为名副其实的"中国生态环境第一县"。

此外，庆元还有"中国香菇城"之称。庆元是世界人工栽培香菇的发祥地。南宋年间，龙岩村的吴三公发明了香菇人工栽培技术，被后人称为"菇神"。

20 世纪 80 年代末至 90 年代初，庆元人民开始发展袋料香菇栽培，庆元香菇以"历史最早、产量最高、市场最大、质量最好"闻名于世，并带动了其他产业的发展。庆元是全国最大的香菇集散地，2002 年，庆元香菇获得原产地域保护。悠久的香菇历史，积淀着浓厚的香菇文化底蕴，香菇语言、二都戏等独具地方特色。此外，我县的竹木加工、水电产业、铅笔制造和绿色食品四大骨干产业也已初具规模。

　　游客朋友们，庆元县第三个响当当的名号就是"中国廊桥之乡"了。据统计，目前庆元境内现存各类廊桥 100 多座。如现存的如龙桥，是全国木拱廊桥中唯一的国家级文物保护单位。2005 年，庆元县后坑木拱廊桥保护项目从亚太地区 11 个国家申报的 34 项遗产保护项目中脱颖而出，获得了"联合国教科文组织亚太地区文化遗产保护卓越奖"。由于拥有全国数量最多、时间

图 2-11　庆元廊桥

最早、质量最高的木拱廊桥，2008 年，庆元县被中国民间文艺家协会命名为"中国廊桥之乡"。

　　各位团友，心动不如行动，今天，就让我们踏上这片神奇的土地，与庆元的山水、廊桥和香菇来次亲密接触吧！

庆元廊桥

廊桥亦称虹桥、蜈蚣桥等,为有顶的桥,具有遮阳避雨、供人休憩、交流和聚会等作用。廊桥在中国已有 2000 多年的历史,汉朝时已有关于"廊桥"的记载。廊桥主要有木拱廊桥、石拱廊桥、木平廊桥、风雨桥、亭桥等。其中木拱廊桥分布于闽浙边界山区,尤其在浙江泰顺、庆元、景宁、福建寿宁等地多有分布。

2009 年 9 月 30 日,由福建省屏南县、寿宁县、周宁县和浙江省泰顺县、庆元县联合申报的"中国木拱桥传统营造技艺"被列入联合国教科文组织《急需保护的非物质文化遗产名录》。

据光绪版《庆元县志》载,当时庆元有宋朝以来修建的各式廊桥(见图 2-13)230 多座,目前庆元境内现存各类廊桥 100 多座。全国有确切纪年、现存寿命最长的木拱廊桥——如龙桥、全国现存单孔跨度最大的明代木拱廊桥——兰溪桥、全国廊屋最长的单孔木拱桥——黄水长桥、全国有史料记载时间最早的木拱廊桥——大济双门桥和甫田桥,均在庆元境内,堪称当世一绝。

收集庆元主要景区景点概况,分组制作一份有关庆元旅游攻略的手抄报,并在班级里进行展示与评比。

大战群儒

1. 搜集相关资料，编写廊桥文化一日游导游词，参考线路：咏归桥→兰溪桥→来凤桥→如龙桥。

2. 走访巾子峰森林公园，撰写导游词，并练习讲解。

导游词范例

巾子峰森林公园

各位团友，巾子峰森林公园（见图2-12）所展示的是一个完整的森林生态系统，这是由森林群落与其环境构成，是自然生态系统的重要组成部分。根据不同气候特征和相应的森林群落，可划分为热带雨林生态系统、常绿阔叶林生态系统、落叶阔叶林生态系统和针叶林生态系统。巾子峰森林公园森林生态系统为常绿、落叶阔叶混交林生态系统，植物群落结构从上至下分别为乔木层、灌木层和草本层。乔木层又可分为2~3个亚层，其中最高一层乔木由落叶阔叶树组成，主要树种为壳斗科植物，第二、三亚层均以常绿阔叶树种为主，常见的有青冈栎、苦槠、石楠等。

所有的生物在生态系统中都扮演着重要的角色，通过营养结构，形成了众多的食物链，维持着自然界的生态平衡。如蚜虫从寄主植物上吸取了大量具有糖分的液体，除了自身代谢外，还有一部分蜜露排出体外，喂养了许多蚂蚁，蜜露进入土壤后能刺激固氮细菌，提高其固氮能力等等。因此，保持生物多样性非常重要，在游览中我们要爱护这里的山山水水、一草一木，把爱心献给大自然。

图 2-12　巾子峰森林公园

第三章

徜徉生态文化之旅，
品味丽水休闲之都
——文化导游篇

一方水土养育一方人，古往今来，勤劳善良的丽水人民在秀山丽水间，创造了富有人文魅力、反映自然和谐、体现自强不息、具有鲜明特色的丽水区域文化。本篇章以导游接待流程入手，以当前丽水旅游热点为内容，以提升学生的文化内涵为目的，突出实用性、创新性和趣味性。该课程体系包括：导游员工作规范、丽水旅行游览、丽水民俗文化、丽水饮食特产、丽水购物娱乐五大单元。

如果你不出去走走，你就会以为这就是世界。

第一节　导游员工作规范

近代旅游业之父——托马斯·库克

托马斯·库克（Thomas Cook，1808年11月22日—1892年7月18日），英国旅行商，出生于英格兰的墨尔本镇，是现代旅游的创始人，也是第一个组织团队旅游的人。他自幼家境贫寒，十岁辍学，先在一家蔬菜花木店当帮工，后又当木工学徒。他的两位师傅都因酗酒而惨死。不久，库克对基督教浸信会关于戒酒的宣传产生共鸣，就毫不犹豫地入会并当了一名诵经人和传教士，云游四方，散发浸礼教会的小册子，宣传教义。这使托马斯·库克游历了英格兰的许多地方，对旅游产生兴趣。另外，出于宗教信仰的原因，他后来成为一位积极的禁酒工作者。1841年7月5日，托马斯·库克包租了一列火车，运送了540人从莱斯特前往洛赫巴勒参加禁酒大会，往返行程39公里，团体收费每人一先令，免费提供带火腿肉的午餐及小吃，还有一个唱赞美诗的乐队跟随，这次活动在旅游发展史上占有重要的地位，它是人类第一次利用火车组织的团体旅游，被认为是近代旅游活动的开端。

身体力行

一、导游员的概念

（1）拥有《导游人员资格证书》。

（2）领取《导游证》。

（3）接受旅行社委派或聘用。

（4）提供向导、讲解及相关旅游服务。

二、导游员的分类

1. 按业务范围划分

导游人员分为出境旅游领队、全程陪同导游人员（下文称全陪）、地方陪同导游人员（下文称地陪）和景区景点讲解员。前两类导游人员的主要业务是进行旅游活动的组织和协调。第三类导游人员既有当地旅游活动的组织、协调任务，又有进行导游讲解或翻译的任务。第四类导游人员的主要业务是从事所在景区景点的导游讲解。

2. 按劳动就业方式划分

按照职业性质，可将我国导游人员分为以下两种类型。

（1）旅行社专职导游人员。

指在一定时期内被旅行社固定聘用，以导游工作为其主要职业的导游人员。他们是当前我国导游队伍的主体。

（2）社会导游人员。

主体是取得导游资格证书并在相关旅游行业组织（导游协会）注册而取得导游证的导游人员，但也包括旅行社临时特聘的导游人员。社会导游人员有自由执业导游人员和兼职导游人员两类。

自由执业导游人员是以导游工作为主要职业，但并不受雇于固定的旅行社，而是通过签订临时劳动合同为多家旅行社服务，或者通过导游自由执业平台为散客提供导游服务的人员。

兼职导游人员，亦称业余导游人员，是指不以导游工作为主要职业，而是利用业余时间从事导游工作的人员。目前这类导游人员可细分为两种：一种是通过了国家导游资格考试并取得导游证但只是兼职从事导游工作的人员，他们一般有其他职业，只在空闲时帮助旅游企业带团；另一种是没有取得导游证，但具有特定知识或语种语言能力，受聘于旅行社，临时从事导游工作的人员。

3. 按导游使用的语言划分

导游人员分为中文导游人员和外语导游人员。中文导游人员是指能够使用普通话、地方话或者少数民族语言，从事导游业务的人员。外语导游人员是指能够运用外语从事导游业务的人员。

4. 按技术等级划分

导游人员分为初级导游人员、中级导游人员、高级导游人员和特级导游人员。

（1）初级导游人员：获得导游人员资格证书并进行岗前培训，与旅行社订立劳动合同或在相关旅游行业组织注册后，自动成为初级导游员。

（2）中级导游人员：在取得导游员资格证书满3年，或具有大专以上学历的取得导游证满2年，报考前3年内实际带团不少于90个工作日，经笔试导游知识专题、汉语言文学知识或外语，合格者晋升为中级导游员。他们是旅行社的业务骨干。

（3）高级导游人员：取得中级导游员资格满3年，具有本科以上学历或旅游类、外语类大专学历，报考前3年内以中级导游员身份实际带团不少于90个工作日，经笔试导游能力测试和导游综合知识，合格者晋升为高级导游员。

（4）特级导游人员：取得高级导游员资格 5 年以上，业绩优异，有突出贡献，有高水平的科研成果，在国内外同行和旅行商中有较大影响，经论文答辩通过后晋升为特级导游员。

三、导游员服务规范

一个合格的导游人员，首先必须是合格的地方陪同导游。那么地陪导游服务规范和内容有哪些呢？

1. 服务准备

服务准备是做好地陪服务的重要环节之一，当地陪导游拿到团队计划书之后，要认真分析吃、住、行、游、购、娱的信息，了解团队成员和组团社的情况，初步拟订活动日程，落实接待事宜，做好物质、知识、形象、心理准备。

2. 接站服务

接站服务是地陪去机场（或车站、码头）迎候旅游团，并将旅游者转移到下榻饭店过程中要做的工作。地陪导游接到游客之后要核对团队信息、清点交接行李、集合登车，并进行途中的导游服务。

3. 入店服务

地陪应使游客抵达饭店后尽快地入住房间、取到行李、及时了解饭店的基本情况和注意事项、熟悉当天或第二天的活动安排。

4. 核对商定活动日程

核对商定日程是地陪与全陪合作的序曲。全陪手中的计划与地陪手中的计划有出入，地陪应具体分析采取相应的处理措施，对于合理而可能的项目，应尽力予以安排。

5. 参观游览服务

参观游览活动是地陪导游服务工作的中心环节，是旅游活动的核心。地陪导游应认真准备、精心安排、热情服务、生动讲解。

6.其他服务

其他服务是指为旅游者所需要的社交活动、健康文明的文娱活动及自由活动等提供服务，它是参观游览活动服务的延续和补充。文娱活动、自由活动是旅游团常有的活动内容。不论哪一类活动，地陪都应尽职尽责。进行文娱活动，地陪应做好组织安排、讲解介绍工作，并告知游客进行完后应在指定地点按时集合。游客自由活动时，地陪应及时提醒游客的安全问题。

7.送站服务

送站服务是导游工作的尾声，地陪应做到善始善终，做好票据、行李退房等服务工作，致欢送辞，协助办理离站手续，与游客告别。

8.后续工作

送走旅游团后并不意味着导游服务工作的结束，地陪还应做好善后工作，包括处理遗留问题、结清账目、归还物品、总结带团经验。

知识链接

2015 年 4 月 24 日，国家旅游局正式发布《导游领队引导文明旅游规范》（LB/T039-2015），旨在通过为导游领队确立工作标准，积极、规范地引导游客文明旅游（见图 3-1）。据了解，此《规范》是规范文明旅游引导的第一个专业性行业标准。

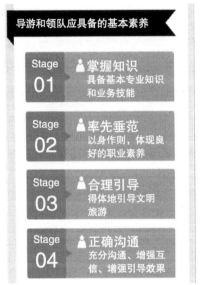

图 3-1　文明旅游引导示范

小试牛刀

请根据以下行程制订详细活动日程。

	活动内容	入住饭店	用餐
行程	D1：萧山机场接团（CA1776）（13：20），入住酒店，抵达后用晚餐	开元酒店	晚餐：开元酒店
	D2：游览古堰画乡、东西岩、南明湖，中餐品尝大港头溪鱼，下午前往汤沐园温泉	元立酒店	早餐：开元饭店 中餐：港头酒店 晚餐：畲乡农家菜
	D3：游览神龙谷，参观汤显祖纪念馆，下午游览千佛山景区，晚上自由活动	元立酒店	早餐：元立酒店 中餐：神农谷农家乐 晚餐：自理
	D4：游览金矿，萧山机场送团（HU7862）（15：20）	自选	早餐：元立酒店 中餐：高速服务区

大战群儒

全陪手中的旅行计划与地陪的接待计划有出入时，地陪应如何处理？

情境演练

1. 学生分组扮演游客和地陪，模拟练习地陪导游接站服务。

2. 熟悉丽水的主要景点及市容市貌，并在班级进行模拟讲解。

闲心对绿水，清净两无尘

第二节　丽水旅行游览

趣闻轶事

绿水青山就是金山银山

2006 年，时任浙江省委书记的习近平同志到丽水调研时指出："绿水青山就是金山银山，对丽水来说尤为如此。"习近平同志指出，生态是丽水最大的优势，"只要你们守住了这方净土，就守住了'金饭碗'"。此后，习近平同志反复强调："我们既要绿水青山，也要金山银山。宁要绿水青山，不要金山银山，而且绿水青山就是金山银山。"习近平同志要求："丽水经济的发展一定要围绕生态做文章，充分利用丽水国家级生态示范区这一品牌，大力发展生态经济，变生态优势为经济优势，走可持续发展的路子"。依托"好山好水好空气"，大力发展茶叶、蔬菜等高效生态农业，并把生态旅游和休闲养生养老业作为第一战略性支柱产业来培育，目前丽水拥有 20 个 4A 景区和 3 家省级旅游度假区，总量居全省第三，被评为"国际休闲养生城市"，丽水正在一步步打造城乡富美、旅游富强、生活富足的生态旅游名城。

身体力行 📚🔑

山水浙江看丽水——2014 丽水生态旅游推介会推介辞

"山水浙江，诗画江南，最忆是丽水"，事实就是这样，丽水的阳光空气、山水森林、江川美景、农耕乡野、瓯江文化，让每个来丽水的客人都会感叹不虚此行。

看丽水：绝佳生态，最中国

党的十八大把生态文明列入五位一体总体布局，特别是近几年在很多大中城市遭遇了雾霾（PM2.5）的困扰，生态文明、生态理念、生态环境、生态产品等成为举国上下越来越关注的热点。说到生态，丽水人可以用相当自豪来形容，自豪是有理由的。

丽水全市森林覆盖率达 80.79%，素有"浙南林海"之美誉，是国家森林城市。全市建有各级自然保护区及保护小区 51 个，其中国家级自然保护区有浙江凤阳山——百山祖国家级自然保护区、浙江九龙山国家级自然保护区两个。国家级森林公园有遂昌国家森林公园、青田石门洞、松阳卯山、庆元巾子峰 4 个。丽水多山，素有"九山半水半分田"之称，海拔 1000 米以上的山峰就有 3573 座，其中龙泉凤阳山的黄茅尖以海拔 1929 米的高度称雄江浙第一高峰。

在这块土地上，空气中的负氧离子平均浓度达到每立方厘米 2679 个，许多景区点和自然保护区甚至达到几万个、十几万个，生态环境质量全省第一，生态环境质量公众满意度位居全省首位，因此丽水也被誉为"浙江绿谷""华东地区最大天然氧吧"。

当下人们关注生态环境质量，追求时尚品质生活，最热门的旅游应该是"生态游"，最时尚的旅游应该是"空气游"。在不远的过去，曾经脑海里的记忆，清新的空气，蓝色的天空，正在消逝，蓝天白云，熟悉而挥之不去。也曾经在儿时的"教科书"上，读到过伦敦的雾都，雾霾的天气却悄然来到我们身边。目前，以京津冀地区最为严重的雾霾覆盖大半个中国，给我国的生态环境、经济发展、人民生命健康及国际形象等提出严峻的挑战。

我想告诉大家的是，我们丽水位于长三角经济发达区，是浙江省面积最大而人口最稀少的地区，我们城市（PM2.5）指数在 20 左右，我们的景区（PM2.5）指数基本上在个位数，丽水这里几乎没有雾霾天气，丽水是纯净，是值得您去深呼吸的地方。

看丽水：上游瓯江，醉浙江

浙江有一条江，叫瓯江，这条水系是浙江的嫡系，从浙江发源，从浙江入海。有"华东漓江"之称的瓯江是浙江第二大江，发源于龙泉凤阳山—庆元百山祖国家自然保护区，干流长 388 公里，丽水境内 316 公里。瓯江是丽水的母亲河，是丽水的魂，瓯江流域覆盖整个丽水，丽水独特的区域文化就是以瓯江来命名的。去年的浙江水环境监测结果，浙江八大水系中瓯江水质最优。

丽水属亚热带季风气候，温暖湿润，雨量充沛，四季分明，光照充足。年平均气温 17.7℃，年平均降水量 2005.3 毫米。丽水属中国富水区，人均淡水资源量为全国平均的 2 倍，水质非常优异，95.3% 的地表水达到国家Ⅲ类标准，其中Ⅰ类水占 40% 以上。区域内有瓯江、钱塘江、飞云江、椒江、闽江、赛江六大水系，被称为"六江之源"。

丽水境内拥有湖面面积 71 平方千米的千峡湖（见图 3-2），43.6 平方千米的仙宫湖，5.6 平方千米的南明湖等众多风光秀丽的人工湖泊。一千万立方以上库容的水库有 56 座。不久前，丽水获列全国水生态文明城市建设试点。

图3-2 千峡湖

丽水市区美丽的南明湖上的"冒险岛水世界"，自2013年夏天建成营业，引来周边无数游客，拥有全进口、世界最先进的滑道水磁力过山车、最高可达3.3米巨浪的世界第一人工造浪等水上游乐设备，是目前亚洲顶级的水上乐园，是你疯狂玩水和夏日消暑的好地方。

看丽水：传奇文化，播世界

说起丽水，人们自然会想到另外一个城市——云南丽江，丽江以她独特的旅游资源成为全国的旅游先发之地，早已名声在外，丽水与之相比尚有不少差距。

2013年的上海推介会上，国内旅游界顶尖的两份杂志《中国国家地理》和《时尚旅游》不约而同地关注丽水，分别以《瓯江（见图3-3）上游，最后的江南秘境》《丽水，江南深处》为题刊发长篇地理散文。《亲，我在丽水：心情文字＋旅游攻略＋记事本》一书中把丽水和云南的丽江放在一起，做了很有意义的比拟，是这样描述的："丽江丽水，拼起来好似成语，一对似水年华的名字里头不约而同亮出明晃晃的美丽，各路游子早已身中丽江的蛊毒不可自拔，丽水则偏安在江南深处，还一个人躲在瓯江边静静浣纱。如果这位江南丽水恰是我们想要寻找的隐世丽人，她的红盖头，我们要不要揭开？"

图 3-3　瓯江一景

"生态、天然、古朴、神秘、秀美"，丽水以它独一无二的自然生态优势以及个性鲜明的地方文化特色受到越来越多的外界关注。

今天我想向各位介绍的是：走出国门，谈起丽江，人们也会想到另外一个城市——丽水，为什么？

丽水市是浙江省的著名侨乡，丽水的青田县人口 52.79 万，有约 25 万的华侨，全市有 30 多万华侨分布于世界 120 多个国家和地区。

青田石是中国的四大国石之一，青田石雕是我国著名的传统手工艺术品，熔镂、刻、塑技艺于一炉，其历史悠久，名师辈出，闻名世界，是中国工艺美术领域的一朵奇葩，具有极高的艺术价值和收藏价值，被多次选为国礼。1992 年，青田石雕被邮电部选为特种邮票发行，青田人用青田石雕告诉世界，中国有个青田，中国有个丽水。

丽水的龙泉青瓷和龙泉宝剑同样蜚声海外。龙泉青瓷典雅、端庄、古朴、清醇，一直被誉为世界瓷器皇冠上的璀璨明珠，龙泉青瓷的精品被誉为"国宝"，为人民大会堂、中南海紫光阁、故宫博物院、中国历史博物馆所陈列和收藏。2009 年，龙泉青瓷传统烧制技艺被联合国列入"世界人类非物质文化遗产代表作名录"，成为我国陶瓷类"非遗"的第一张世界级名片。2007 年，"南海一号"古沉船整体打捞出水曾轰动世界。"南海一号"是艘南宋时期福建泉州造船特征的木质古沉船，沉没于广东阳江市东平港以南约 20 海里处，是目前发现的最大的宋代船只，沉船打捞出来的大部分物品主要是瓷器和金属物件，瓷器当中就有大量的龙泉窑瓷器（见图 3-4）。四川遂宁中国宋瓷博物馆收藏的大量顶级的宝藏也是龙泉青瓷。龙泉青瓷也被世界上许多著名的博物馆收藏，如大英博物馆等。

图3-4　龙泉窑瓷器

　　龙泉宝剑（见图3-5）的历史最早可以追溯到周代，距今已2600多年。据历史记载，春秋战国时代，铸剑大师欧冶子奉命来到龙泉铸造宝剑，自欧冶子之后，铸剑之业在龙泉历代递传。龙泉宝剑曾多次被中央有关部门作为国礼赠送给外国的国家元首和国际友人。

　　因为有这样一些世界级的文化名片，我们可以毫不夸张地说，丽水走出国门，知名度比国内还要大。我们有自信，今后说到云南丽江会想到浙江丽水。

图3-5　龙泉宝剑局部图

看丽水：处处风景，留乡愁

2013年12月的中央城镇化工作会议提出，要"让城市融入大自然，让居民望得见山、看得见水、记得住乡愁"。这样诗情画意的话语背后，是对过去很多年中国城镇化历史经验和教训的总结、反思。在这里，"乡愁"不再只是一个文学词汇，它是与自然相依相偎的亲近感，是对生于斯长于斯的故土的眷恋。在丽水，处处开门见山，溪水潺潺，几百个原汁原味的老村落散发着浓郁的古风乡愁。

依托山水资源和区域文化资源，丽水目前打造了20个国家级4A级旅游景区和3个省级旅游度假区，高等级景区数量居浙江省第三，丽水9个县（市、区）的旅游资源和产品各显特色、各具魅力。

缙云仙都（见图 3-6）景区峰岩奇绝、山水神秀，兼具黄山之奇、华山之险、桂林之秀，是国家重点风景名胜区。仙都主景区鼎湖峰高 170.8 米，顶部面积为 710 平方米，底部面积为 2468 平方米，鼎湖峰状若春笋，直刺云天，堪称"天下第一峰""天下第一笋"。相传中华民族始祖轩辕黄帝在缙云仙都铸鼎炼丹，然后跨赤龙升天而去，因而，缙云仙都是中国南方黄帝祭祀中心，每年重阳节都举行盛大的祭祀典礼。

图 3-6　缙云仙都

　　莲都古堰画乡是瓯江风情旅游度假区的核心，这里有典型的瓯江原生态河川风光和古街，有国家级文物保护单位，距今已有1500年历史的古堰——通济堰，是世界上最早的拱形坝之一，在这里还诞生了一个影响深远的画派——丽水巴比松油画，成为长三角最大的自然风光写生创作基地、中高档商品油画生产基地和商品油画、原创画集散中心。

　　遂昌县的黄金文化历史久远，"江南第一矿"美誉的遂昌金矿国家矿山公园（见图3-7），是长三角地区唯一的黄金矿山旅游景点，这里有开挖千年历史的神

图 3-7　遂昌金矿国家矿山公司

秘金窟，有古代工匠采用"烧爆法"淘金时遗留的奇特痕迹，汤显祖这位"东方的莎士比亚"曾在遂昌县任知县同时也是有史记载的第一位矿长，期间创作了不朽的《牡丹亭》。遂昌的金矿、南尖岩、神龙谷、千佛山景区是我市接待上海游客最多的景区，很受上海人的喜欢。

青田县的华侨文化、石雕艺术享誉海外，青田县名人荟萃，明朝开国皇帝朱元璋的帝师刘伯温就是青田人，青田石门洞景区因刘伯温少年求学于此而闻名遐迩，文化底蕴丰厚，素有"洞天仙境""世外桃源"之美称。

景宁畲族少数民族自治县是全国唯一的畲族自治县，也是华东地区唯一的少数民族自治县，畲族民族风情独特。

云和县是我国最大的木制玩具出口基地，致力于打造"山水家园、童话世界"旅游品牌，云和梅源高山梯田号称中国最美的梯田，一年四季有不同的景色。云和仙宫湖是浙江省第三大人工湖，也是"瓯江帆影"的摄影基地，湖水清澈、风光旖旎，宋城集团打造的号称中国的马尔代夫就建在仙宫湖畔。

庆元县的香菇文化源远流长，庆元是椴木香菇的发源地，庆元也是目前中国木拱廊桥保存数量最多的地方，木拱廊桥中唯一的全国重点文物保护单位如龙桥就在庆元。

龙泉是青瓷、宝剑之乡，剑瓷文化光彩夺目，享誉中外。龙泉凤阳山景区和庆元的百山祖景区都是风景优美的避暑胜地。

千年古县松阳田园风光独特，这里有世界上最大的连片茶园，茶文化有深厚的底蕴。

丽水是一个四季鲜花盛开的地方。丽水民间有种植水果的传统，每年春天，城间乡居、堂前屋后、山川河谷，桃、李、梨竞相开花，群芳夺艳，分外迷人。随着效益农业发展，动辄上万亩果园的规模开发，漫山遍野的繁花盛景蔚为壮观。独特的中山、丘陵地貌，四季分明、温暖湿润的气候，令丽水山花具有品种繁多、时间跨度长等特点，春来桃李芳菲、夏至杜鹃映红、秋品冰洁玉莲、冬赏蜡梅傲雪，加上金黄灿烂的油菜花、满山绚烂的紫荆花、异域风情的郁金香等，花开四季，绵延无绝期。

丽水是第一个"中国摄影之乡"。好照片的素材多数来源于好地方，丽水就是一个能够拍出好照片的好地方，它拥有太多能够产生好照片的山水风情和人文遗存。摄影在丽水有丰厚的群众基础，由中国摄影家协会主办的中国国际摄影艺术展览连续十年五届在丽水举办。目前，丽水拥有中国摄影家协会会员159 人，通过摄影镜头这一纽带，越来越多的国内外的摄影爱好人士走进了这片秀山丽水，但走进丽水的又岂止是摄影家和摄影爱好者，更多的是被一张张照片吸引而至的普通民众。

看丽水：舌尖美食，很鲜净

因为很生态，所以很美味。原生态的美食，是你到丽水一定不可错过的。2012 年最热的纪录片《舌尖上的中国》，第一集《自然的馈赠》里，说的就是丽水遂昌的冬笋。

丽水有优质的水源，因此各种淡水有机鱼闻名遐迩，以瓯江鱼为原料烹制的龙泉安仁鱼头、大港头溪鱼等是值得一尝的美味。

庆元的百菇宴以食用菌及野味为主料，清淡宜人，兼有鲜香咸辣，适应当今美食追求有机绿色食品之风尚，极具营养保健之功效。遂昌生态土猪肉如今在淘宝上热销，到遂昌旅游千万不能错过。逢年过节，你还可以到丽水乡村体验打麻糍、做黄粿等。

优质的生态环境也培育出了优质的水果，像丽水枇杷、云和雪梨、仙渡桃子、青田杨梅、太平蜜橘等早已名声在外。土特产则有处州白莲、庆元香菇、云和黑木耳、景宁惠明茶、仙宫雪毫茶、松阳银猴、遂昌竹炭薯脯、石练菊米、缙云黄花菜等。

看丽水：长寿之乡，宜养生

记得有一位来丽水遂昌高坪小住的上海客人说了这样一句话："丽水一年来两次，一次住半年"，话语中流露出对丽水美好的恋恋不舍。

"山也青，水也清，人在山阴道上行，春云处处生"，400多年前，汤显祖曾经在遂昌做县令，为我们描绘了这样一幅美丽恬静的图景。丽水是一个适合养生的地方。

丽水是目前全国唯一的以地级市命名为"中国长寿之乡"的城市。2012年丽水人均期望寿命达到78.04岁，连续4年高于全国平均水平。结合养生旅游，我们打造"水养、体养、食养、药养、文养"等五养文化，着力形成类型丰富、优势明显、开放包容、吸引力强的多元生态休闲养生产业体系，打响"秀山丽水，养生福地，长寿之乡"品牌。

看丽水：绿水青山，金银梦

丽水这方山水的保护，得益于历届省委省政府的高度重视、历届市委市政府的不断追求和全市人民的执着坚守。习近平总书记在浙江工作期间曾经先后8次到过丽水，对丽水非常关心、关爱，对丽水的发展提出许多指导和要求。从开始的"靠山吃山、靠水吃水"到"既要金山银山、又要绿水青山"，再到时下生态文明的新高度提出"绿水青山就是金山银山"，这就是丽水梦。

当下，丽水旅游紧紧围绕市委市政府的"绿色崛起、科学跨越"战略总要求，坚持"绿水青山就是金山银山"的发展理念，以省委书记夏宝龙在丽水调研时提出的把生态旅游业培育成为丽水"第一支柱产业"为目标，充分发挥丽水"山好水好空气好"的生态优势以及丰富的人文旅游资源，我们相信，通过不懈努力，"绿水青山就是金山银山"的宏伟梦想一定会实现。

我们有信心、有决心、有智慧保护好这一方山水，也期待您的关心、支持，期待您去空气质量、生态环境非常好的丽水去分享快乐，去提高您生命的品质。

谢谢大家！

丽水十大休闲养生路线

一、名称：休闲养生游

主要内容及特色：丽水一直享有"华东天然氧吧""浙江绿谷"（见图3-8）的美誉。好生态体现在方方面面：水，我们有丰富的高山活水，符合国家一类、二类、三类饮用水标准。空气，据最新监测，2013年1—4月负氧离子达3065个每立方厘米，而一般城市负氧离子含量仅数百每立方厘米。负氧离子被誉为"空气维生素"和"大气中的长寿素"，不仅具有降尘、灭菌的作用，对人体更有强身健体和治疗疾病等多种功效，吸氧在别的地方是高消费，在丽水免费。绿化，丽水森林覆盖率已达到80.79%，放眼望去，绿色无处不在，在这里您将和生态共舞……2013年丽水荣获了"中国长寿之乡"的美誉，这是全国第一个以地级市为单位的长寿之乡。2014年11月，中国气象学会授予丽水"中国气候养生之乡"的荣誉，这是一片领先全国、比肩世界的养生福地，是中国唯一一个气候养生之乡。

线路安排：丽水接团——游莲都古堰画乡、东西岩景区或缙云仙都景区——赴云和赏中国最美梯田、游云和湖或赴青田游石门洞——赴松阳游箬寮景区、赴遂昌游南尖岩、赏神龙飞瀑或千佛山、泡养生温泉——赴龙泉游龙泉山，登江浙之巅、赏云顶佛光、探瓯江源，来趟清肺之旅——赴庆元百山祖休闲度假——送团。

图 3-8　浙江绿谷

二、名称："三宝"探秘游

主要内容及特色：一方水土养育一方人，勤劳的丽水人民在秀山丽水之间创造了富有人文魅力，反映自然情趣、体现自强不息、具有鲜明特色的丽水区域文化——绿谷文化，其中最出色的工艺品龙泉青瓷、龙泉宝剑、青田石雕被称为"丽水三宝"。

在丽水青瓷小镇（见图 3-9），您将体验瓷土在你手中慢慢成形，渐渐地与您心中的形象合二为一，让你触摸到青瓷的古脉；您将见证火花四溅中凡铁变神兵，寒光一闪，削铁如泥。让你临探古剑的渊源；您将观赏瓯江两岸多奇石，精雕细琢传后世的精湛技艺。让你领略石雕的精美。这是丽水传自远古的密藏，这是在他处无迹可寻的瑰宝，不想留下遗憾，就来丽水一探！

图 3-9　青瓷小镇

线路安排：丽水接团——游龙泉剑瓷博物馆、青瓷小镇体验制造青瓷、宝剑乐趣——游青田石门洞景区、中国石雕城，玩石赏石，体验国石文化——送团。

三、名称：避暑戏水游

主要内容及特色：丽水，拥有 3573 座千米以上的山峰。在这些高山上，绿树成荫，夏季温度低于外界 10℃左右，空气负氧离子含量每立方厘米平均 1 万左右，超出世界卫生组织提出的宜居（"清新空气"）标准的 6 倍以上！遂昌南尖岩、庆元百山祖、松阳箬寮原始林、青田石门洞……丽水的每座山峰，都是一个绝佳的避暑胜地。丽水，不仅有高山森林远离城市的烦躁和喧嚣，更有莲都区的古堰画乡（见图 3-10）、缙云芙蓉峡、遂昌神龙谷、景宁畲乡之窗……处处清流，让你感受到纵情山水间嬉戏的快乐。

"闲心对绿水，清静两无尘"。纵情秀山丽水，把暑热与尘世抛在脑后，带上亲爱的家人和朋友，来丽水寻找山水间的愉悦吧！

图 3-10　莲都南明湖

　　线路安排:丽水接团—畅玩冒险岛水世界—游莲都古堰画乡、夜游南明湖—赴松阳箬寮原始林、体验新处峡绿谷漂流、小巷漂流—赴遂昌南尖岩、神龙谷，挑战神龙谷漂流，游汤沐园水上乐园—送团。

四、名称：幸福畲乡游

　　主要内容及特色：丽水景宁畲族自治县是华东地区唯一一个少数民族自治县，也是全国唯一一个畲族自治县，在这里人们可以在这里领略到畲族丰富多彩的特色文化和异彩纷呈的民俗活动。来到畲乡，您将亲身体验畲族婚嫁，参与激情漂流，热情的畲家姑娘、飘舞的畲族彩带、响彻山谷的畲乡山歌都将是您难忘的回忆。

　　线路安排：丽水接团——游东西岩景区，品"畲家土菜"后赏"畲乡风情表演"——赴云和参与云和大坪畲乡"婚俗"表演，观最美梯田，住畲乡小院——

赴景宁大均景区，体验中国大均"畲乡之窗"文化、漂流，晚赏印象山哈，畲乡篝火晚会——送团。

五、名称：食享丽水游

主要内容及特色：丽水的饮食文化历史悠久，前年大热的《舌尖上的中国》第一季开篇这么描述："我们到这个世界，本就该享用干净的水和食物，现如今这些竟成了奢侈品，还好，丽水提供。"这讲述的就是丽水遂昌冬笋，诸如此类的丽水生态好食材不胜枚举，庆元香菇、云和黑木耳、处州白莲、高坪有机蔬菜、高山小黄牛、黄泥岭土鸡、白马山玉笋、青田田鱼等，都将给您一个不一样的生态美食新体验。"吃货"们，来丽水吧，或结伴或独行，找一处风景优美的地方，品美食，尝五味，对月当歌，享受一段美好惬意的时光，体验一场不一样的生态美食之旅。

线路安排：丽水接团——游莲都尝瓯江溪鱼、稀卤鱿鱼羹——赴松阳品黄粿麻糍、土鸡——赴遂昌享高山土猪全猪宴、焦滩鱼头火锅、笋尖火腿肉火锅、小黄牛、烤薯——游龙泉尝安仁鱼头火锅、清炖石蛙——赴庆元享"舌尖上的流水席"之称的百菇宴等——游景宁尝乌饭、畲乡豆腐酿、高山田螺等——赴云和品梅源猪脚、仙宫湖生态鱼头等——赴青田尝田鱼、清明果、炒粉干等——游缙云吃烧饼、土面、麻鸭、敲肉羹、婆媳豆腐等——送团。

六、名称：行摄山水游

主要内容及特色：丽水是第一个被中国摄影家协会命名的中国"摄影之乡"。大自然慷慨地赐予了这片土地清纯秀丽的山山水水，绵延起伏的群山，巍峨耸立的峰岩，苍莽葱郁的林海，纵横密布的川流以及那被灌木湮没的古道……使这里风光旖旎，气象万千，一批批驴友和摄影爱好者纷至沓来。央视《走遍中国》栏目组曾两次赴丽水制作丽水摄影专题片，《联合国特刊》也曾用了两个专版介绍丽水摄影。目前，丽水已拥有3个国家级摄影创作基地和22个市级摄影创作基地。日出、青山、香樟、村舍、帆船、水鸭、白鹭……在这里，只有您想不到的，没有您拍不到的（见图3-11）。当您感觉到累了倦了的时候，不妨来这里走走看看，行摄于山水之间，找回您心灵的平静。

图 3-11　瓯江摄影

　　线路安排：丽水接团——市区拍瓯江帆影——赴青田石门洞景区创作——赴云和拍云和小顺瓯江帆影、梯田美景——赴龙泉，观摄龙泉山壮美日出——赴松阳，游大木山骑行茶园、四都寨头摄影休闲园——赴遂昌人间仙境南尖岩云海梯田——赴缙云仙都拍鼎湖胜景——送团。

七、名称：江南秘境游

主要内容及特色：清晨，数声鸡鸣唤醒了沉睡的古村，朝阳隽绣在黄泥与鹅卵石砌成的老墙上，诉说着岁月静好的故事；潺潺的溪边，村民说笑着走过光洁的石子路，担子里装满了笋尖、香蘑和溪鱼；远处山间云海翻滚，把莽莽群山遮住了大半，一半在人间，围成丽水的裙摆，一半在天上，守候古村的宁静。

这就是丽水古村（见图3-12）的真实写照，西坑、石仓……繁星般的古村落洒落在瓯江流域，在这里保存着历史印迹明确、乡土文化鲜明的特色古村落107个，总量居全省第一位。这里，就是红尘中的净土，值得驻足的地方。

图3-12　丽水古村

线路安排：丽水接团——赴缙云游河阳古民居——赴松阳游保存最完好的古村落：黄家大院、杨家堂、界首、石仓等——送团。

八、名称：寻幽探奇游

主要内容及特色：丽水有全国唯一国家 4A 级黄金景区——遂昌金矿，这里有幽深矿洞、神秘金窟，有古代工匠采用"烧爆法"淘金遗留的奇特遗址。在这里你可解读黄金知识，探索黄金奥秘，让你真切感受"原来黄金是这样炼成的"。丽水是中国廊桥之乡，庆元廊桥以数量最多、时间最早、级别最高、造型最好而闻名于世。她集山水屋桥于一体，既美观实用，又有深沉的民俗文化渊源。每当登临时，人们总会临风怀想、感慨良多，会想到多少个风清月朗之夜，青年男女待月西厢，在廊桥中幽会；会想到多少次少妇送郎，依依惜别、留下多少憧憬……

线路安排：丽水接团——游遂昌金矿体验寻找黄金矿石、淘洗黄金、拥抱金砖、体验矿工生活乐趣——游庆元廊桥，了解廊桥文化，体验中国版"廊桥遗梦"——送团。

九、名称：快乐乡村游

主要内容及特色：丽水是一个四面环山，山水相依，民风淳朴，物产丰饶的福地。这里有河谷平原和山地梯田的农耕文化、高山林地伐木文化、江河湖畔的船运文化和水埠头集镇文化，还有因为大山阻隔产生的十里不同音、百里不同俗而演变出的丰富的节庆、民俗、地方戏曲等。在这里游客可通过参与乡村节庆活动和乡村旅游的农事体验等活动，体会远离都市喧哗和车水马龙的静谧，欣赏那种不经修琢浑然天成的奇秀壮丽，品尝那用纯净山泉酿造的美酒，一次快乐乡村之旅足以使人流连忘返。

线路安排：丽水接团——游云和小顺体验瓯江帆影、休闲垂钓的渔家风情——游遂昌高坪欣赏万亩杜鹃、奇山怪石的美景——游庆元月山融入"月山春晚"回忆美丽的乡愁——送团。

十、名称：红色印记游

主要内容及特色：丽水是一个具有光荣革命传统的城市，是浙江省唯一的所辖县（市、区）均为革命老根据地县的地级市，红色旅游资源十分丰富。长期的革命斗争留下了中共浙江省委机关旧址、安岱后、王村口红军挺进师活动旧址、斋郎战斗红军指挥部等百余处革命机关旧址、战场遗址和周恩来、粟裕、刘英等重要革命领导人、革命先烈的活动遗迹。在这里不但可以品味丽水的山水之美、浓郁的特色文化还可以感受到红色年代里的那种超越生命极限的奋斗精神、净化心灵，激发爱国热情（见图3-13）。

图3-13　蔡相庙

　　线路安排：丽水接团——游浙西南革命根据地纪念馆缅怀先烈、莲都三岩寺红军洞体验革命先烈艰苦卓绝的战斗意志——游松阳箬寮安岱后重走红军路——游遂昌王村口红色古镇参观红军挺进师活动旧址系列——送团。

小试牛刀

　　丽水，一个被绿装裹着的世界，淡雅的山水风光，多姿的畲族风情让这个有着浙南林海美誉的地方，得到无数旅行者的赞叹，独特的文化内涵，给人更多遐想。这是一个正在崛起的文化休闲城市。来丽水开始一段美好的山水之旅吧，你也会像余秋雨一样：此行无悔，浙江丽水。请根据以上文字创作丽水概况的介绍词。

情境演练

　　有一个来自西安的团队来丽水三日游，请你结合丽水"秀山丽水、养生福地"的特色为他们设计一条三日游线路。

第三节　丽水民俗文化

缙云仙都——祭祀黄帝典礼

缙云县有着鲜明的文化特征，黄帝文化、婺剧文化、石头文化等区域人文特色文化在这里生根发芽，源远流长。其中又以黄帝文化为代表，仙都鼎湖峰是黄帝炼丹觞百神飞升之地，仙都风景名胜区自 1998 年重修黄帝祠后，每年重阳节举行祭祀轩辕黄帝大典。黄帝祠宇是我国南方祭祀黄帝的重要场所，与陕西黄陵遥相呼应，形成"北陵南祠"缅怀先祖的格局。每年在清明节和重阳节分别举行民祭和公祭黄帝典礼。祭祀活动采用"禘礼"（古代最高的礼祭）的规格，以传统与现代、礼与乐相结合的方式进行，期间将开展各种竞技活动、民间文艺表演和仙都文化交流等活动。

各位游客，畲族婚俗是畲民生活最具激情和创造精神的习俗。随着时代变

迁，大部分地方已随从当地婚仪，景宁也只有深山区的部分畲族家庭，依传统婚俗举行婚仪。畲族婚俗成为一种行将失传的"绝唱"，被列入浙江省第二批非物质文化遗产。接下来就请跟随着我一起走进独具特色的畲族婚俗吧。

在传统的畲族婚俗中由一位新郎，两位赤郎（伴郎），还有一位大舅前往迎亲。迎亲路上一共有四道难关，这四道难关分别是杉刺拦路、借炊具、抢鸡杀鸡和盘歌，要闯过四道关才能见到新娘。在整个婚礼当中还会对唱畲家山歌，如迎客歌、拦路歌、敬茶歌等。首先迎亲队伍前往新娘家，新娘家的赤娘们已经用杉树枝把村口给拦住了，这就是第一道难关，称之为"杉刺拦路"。两位赤郎要与赤娘对唱山歌才可以过关。在这里我为大家唱几句，畲家赤娘唱道"昨日听说你要来，姐姐妹妹心欢喜，早早挤在大路旁，遥望村口盼你来"；赤郎对唱"姑娘嘴巴好厉害，说得人心暖洋洋，大路却用杉枝挡，问你这是为哪桩"；赤娘接唱道"拦路原是古人礼，拦路也是老规矩，古礼老规不好改，罚酒三碗路自开"。意思就是说，两位赤郎每人喝上三碗酒就可以过了这一关了。喝酒时请注意，您喝的时候赤娘会不断往碗里加酒，所以您一定要喝得快。如果您会唱山歌，也可以选择与畲家赤娘对唱山歌过关。看来赤郎也不是那么容易当的。

男方的迎亲队伍到了女方家就意味着新娘子马上就要出嫁，虽然娘家有些不舍，但是能嫁一户好人家还是非常开心的。双方见面时，为了表示尊重和敬意，要行礼作揖，举行"捉田螺"仪式。为什么将这种仪式称为"捉田螺"呢？原来过去作揖时手掌要碰到地，就像在田间捉田螺的姿势，现在作揖虽不那么到位了，但名称还是一直沿用下来。畲族是一个好客的民族，"客人入寮便泡茶"，畲家姑娘正唱着"敬茶歌"为各位献上香浓的绿茶，歌词大意是"远方客人到畲村，山笑水笑人欢乐，畲家没有什么好招待，绿茶一杯敬客人"。两位赤郎喝的茶比较特殊，将茶碗叠成宝塔型，称为"宝塔茶"。喝宝塔茶是有规矩的，只能动口不能动手，也就是说只能用嘴把茶碗咬住，把里边的茶水喝掉。

喝完"宝塔茶"，两位赤郎接下来要闯的是第二道难关"借锅"。迎亲队伍到了新娘家后，男方要宴请女方客人，"借锅"意为男方借女方炊具办酒席。炊具不是轻易能借到的，赤郎下厨的炊具被赤娘们藏了起来，赤郎要把需要的四十多件炊具用谜语歌谣的形式一件一件唱出，唱出一件，伴娘们就拿出一件，如果最后少唱一样，就要从头再来。好客的畲家人办喜事时一定要杀鸡款待来宾，炊具借齐了，接着继续闯第三道难关——"杀鸡"。在杀鸡之前两位赤郎还得从女方赤娘手中把鸡笼抢到手。抢鸡笼的过程类似于老鹰捉小鸡。经过一场斗智斗勇的激烈奋战，鸡笼抢到手后，就可以"杀鸡"了。按照畲家风俗，杀鸡时赤郎是不能把鸡血滴在碗外面的，滴出一滴，就要罚酒一碗。赤娘不会轻易让赤郎专心杀鸡，她们会时不时去推一推、碰一碰，难为赤郎，所以要想让鸡血全滴在碗里就难了。有经验的赤郎是突然把鸡杀了，滴两滴血到碗里，将鸡头夹进翅膀内马上提走。

迎亲路上的最后一关是"盘歌"仪式。"盘歌"也就是"对歌"，只要过了这一关，新郎就可以把新娘娶回去了。按照传统畲家婚俗，晚宴后，男女方歌手便围坐在中堂"长夜对歌"，一直唱到新娘动身。长夜对歌主要原因是，畲家喜歌善歌，婚嫁喜庆，岂能无歌？

按照畲族的习俗，新娘出嫁前都要进行哭嫁。新娘通过哭唱的方式，感谢娘家养育之恩和眷念之情。新娘打扮得很漂亮，按照传统习俗，畲族新娘头戴"凤冠"，穿起了传统的凤凰装。衣裳、裙子上绣出五彩缤纷的花边图案，象征着凤凰的颈项、腰身和羽毛；扎在腰后飘荡不定的金色腰带头，象征着凤凰尾；佩于全身叮当作响的银饰，象征着凤鸣。所佩戴的银饰一共九件（银簪、银钗、挖耳钗、耳环、银牌、银项圈、银链、银手镯、银戒指），意味着子发孙旺。首饰都爱刻上凤凰图案。

新娘出阁前，要举行祭拜祖公的仪式，仪式神秘而隆重。出阁的时候到了，新娘走过中堂时要进二步，退三步，再开始走，这叫"留风水"，预示着新娘虽然走了，但会把好的风水留在娘家，这就叫作"请祖留种"。畲族新娘出嫁是随着"踏路牛"，撑着伞，自己走到男方家的。我们叫作"牛轿行嫁"。为什么有一头牛在前面呢？原来畲族人民认为新娘要走的是一条新路，而牛走过的路就是一条全新的路。新娘的花轿抬至夫家，要举行"传代"仪式。由两个未出嫁的姑娘扶新娘下轿，踏着铺在地上的一个接一个的红布袋，走到堂中，这种做法称为"传代"。新娘子进入厅堂后，举行"拜堂"仪式。先朝天拜三拜，以拜天地，再朝照壁拜三拜，以拜祖宗。注意，这期间不拜父母，夫妻也不对拜，比汉族的拜堂少了两拜。为什么畲族拜堂少了两拜？原因很简单，畲家人认为，一般活着的人是受不了跪拜的，所以没有后两拜。拜堂成亲后，新娘向客人行九节茶礼。这时，畲族姑娘、赤娘、赤郎们跳着风格独特的畲族舞蹈。讲到这里游客朋友们是不是迫不及待想亲自感受下畲族的婚俗呢，那就请跟我来吧。

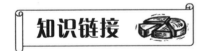

丽水文化

摄影文化

丽水是全国第一个摄影之乡，有数千人的庞大摄影队伍、丰富的摄影创作资源，还有中国唯一的中国丽水摄影博物馆，中国国际摄影艺术展览连续 5 届在丽水举办。

剑瓷文化

龙泉宝剑的锻制历史长达 2600 多年，是中华武侠文化的象征；龙泉青瓷是中国制瓷史上历时最长、规模最大、影响最大的窑系之一，现已成为世界级的文化符号。

石雕文化

青田石雕距今已有 1700 多年历史，青田石被推选为四大国石之一，价值堪比黄金。

黄帝文化

相传缙云仙都是中华始祖轩辕黄帝升天之地，缙云黄帝祠与陕西黄帝陵并称"北陵南祠"，是黄帝文化的重要传播中心。

畲族文化

景宁是中国唯一的畲族自治县和华东地区唯一的少数民族自治县，畲乡风情淳朴独特。

汤显祖文化

有"东方莎士比亚"之称的明代戏剧家汤显祖，曾任遂昌县令，期间创作了中国戏剧史上的杰作《牡丹亭》。

廊桥文化

丽水境内完好地保留着 90 多座风格各异的古廊桥，其中 20 多座为木拱廊桥。木拱桥传统营造技艺被列入联合国教科文组织公布的首批"急需保护的非物质文化遗产名录"。2007 年，基于丽水拥有如此丰富的民间艺术种类、多姿的民间艺术形式、鲜明的民间艺术特色，丽水被中国文联，中国文艺家协会命名为"中国民间艺术之乡"，是全国第一个获此殊荣的地级市。

小试牛刀

关于"凤凰装"还有一个美丽的传说：远古时期，高辛帝就把自己的女儿三公主嫁给了忠勇王。成婚时帝后给女儿戴上凤冠，穿上镶着珠宝的凤衣，祝福她像凤凰一样给生活带来祥瑞。三公主有了儿女后，也把女儿打扮得犹如凤凰一样。当女儿出嫁时，凤凰衔来"凤凰装"送给她作嫁衣。从此，畲家女便穿上象征吉祥如意的凤凰装，表达了对凤凰图腾的崇敬之情。请结合前面导游词中关于"凤凰装"的介绍，创作畲族凤凰装的导游词，并练习讲解。

情境演练

1.摄影节期间，有一个来自欧洲的旅游团队来丽水旅游，请你搜集丽水摄影文化的资料，撰写丽水摄影文化的导游词，并进行模拟讲解。

2.有一个来自上海的大学生团队，请你为他们设计一条丽水民俗文化的旅游线路。

第四节　丽水饮食特产

趣闻轶事

　　龙泉青瓷——母亲瓷、美女瓷、君子瓷、帝王瓷

　　青瓷是一切瓷种的原生瓷。客观来说，宁波越窑是青瓷的发祥地，早在唐代就是南方窑系的代表。龙泉窑作为后起之秀，充分吸纳了越窑的精华并发扬光大，将青瓷发展到了极致，所以说龙泉青瓷是母亲瓷并不为过（见图3-18）。传说龙泉青瓷由一位名叫叶青姬的美丽少女殉身烧造而成，使瓷器多了一份凄美的色彩，显得典雅靓丽，如瓷器中的西施，因此又被誉为美女瓷。龙泉青瓷青如玉。"谦谦君子、温润如玉"，于是它又成了名副其实的君子瓷。再把龙泉青瓷与其他瓷器相比，风格雄浑庄重，雍容大气，颇得历代帝王的赏识，乾隆皇帝尤爱龙泉瓷，因此，龙泉瓷又成为帝王瓷。

身体力行

　　各位游客，前段时间，央视一部热播的纪录片——《舌尖上的中国》，让丽

水遂昌的冬笋名扬天下。正因为丽水得天独厚的生态环境，孕育出许多绿色无公害农产品。在市委市政府的正确领导下，丽水正打造"五养"品牌，这品牌之首就是"食养"。今天呢，就由我带领大家走进休闲之都，感受养生文化，来一次美妙的"舌尖之旅"。

走一走，看一看，先到缙云尝尝看。缙云地处浙江省中南部，为全国生态示范区，它坐拥仙都美景，蕴含黄帝养生文化。"汤饼一杯银丝乱，牵丝如缕王箸惜"，这说的可是我们缙云的土索面，它细滑香浓，麦香扑鼻而来（见图3-14）。土索面也叫土面，选用当地特种麦粉、食用盐、天然泉水，沿用传统手工艺制作，没有任何添加剂，绝对是上好的绿色食品。缙云人每逢走亲访友，都用索面相赠；庆贺生日用索面开宴，来表示长寿；大年初一，家家户户吃索面蛋，来求得新年吉利、好运富裕。

图 3-14　龙泉青瓷

走一走，绕一绕，来到景宁喝喝看。景宁是全国唯一的畲族自治县，有诗云"敕木峰高插苍穹，山中茶树殊超伦"。惠明茶始于唐，闻于宋，传于清。产于唐朝惠明和尚主持建筑的惠明寺山地，茶以僧名。惠明茶外形细紧，具有回味甜醇、浓而不苦、滋味鲜爽、耐于冲泡、香气持久等特点，是名茶中的珍品。更有"一杯鲜，二杯浓，三杯甘又醇，四杯五杯茶韵犹存"的特点。

走一走，转一转，来到遂昌吃吃看。地处仙霞岭群山中的遂昌，旅游资源非常丰富，可概括为"一金八两"。遂昌地方不大，可"吃"文化名声远播，有句话说得好："游遂不吃焦滩头，满身臭汗都白流"，这说的就是我们遂昌焦滩鱼头火锅。焦滩鱼头最大的特点是同豆腐一块儿煮。这豆腐可不是普通豆腐，而是纯手工制作的盐卤豆腐，那才是真正的年轻态、健康品。鱼头、豆腐同煮，豆腐中有鱼香，鱼头中有豆甜，完全超出了色香味形的境界。

走一走，停一停，来到庆元转转看。庆元山区气候温和，雨量充沛，山高林密，特别是菇材资源丰富，历来盛产香菇。庆元香菇以鲜嫩可口、香郁袭人的独特风味成为宴席上的珍贵佳肴，常食香菇有预防佝偻病、感冒，降低血压，治疗贫血，降低癌症发病率等功效，是延年益寿的天然保健食品。说到这，也许大家会问，香菇能做成什么美味佳肴呀？这里要隆重推出百菇宴（见图 3-15）。百菇宴包含以食用菌为主料或辅料的各式菜点，通过合理搭配，融合廊桥、乡村风情等文化元素，运

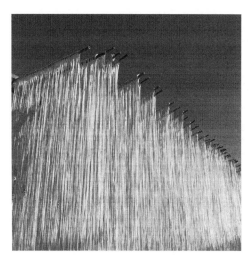

图 3-15　缙云土索面

用炒、焖、炖、烧等各种方法烹制。如今的百菇宴已成为丽水加快"食养"发展，打造"美食之都"的养生美食旅游品牌。庆元香菇，你值得拥有。

走一走，坐一坐，再听导游说一段。田鱼、咖啡、千层糕；麻糍、芋饺、

黄米果;冬笋、红提、番薯干;土猪、土鸡、农家乐;养生、养心、保健康;秀山、丽水、贵人行!

丽水特产美食

处州白莲:丽水早在八百年前就有"莲城"之誉。处州白莲具有粒大而圆、饱满、色白、肉绵、味甘五大特点,为莲中之珍品,其性湿、味甘、有补中益气、安心养神、活络润肺、延年益寿等功效,是名贵的药材和高级营养滋补品。

龙泉灵芝:历史悠久,源远流长,千百年来是龙泉人"治病之仙丹、祥瑞之神草"。同时龙泉地理气候条件优越,森林资源丰富,适宜灵芝生长,有丰富的灵芝真菌和历史文化资源,是闻名世界的"中华灵芝第一乡","全国灵芝孢子粉原产地"。

青田杨梅:杨梅是青田著名特产,具有质优、果大、味美等特点,色泽艳丽、甜酸适口,可生津止渴。

遂昌黑陶:黑陶是新石器晚期良渚文化和好川文化的宝贵遗物,是东方陶瓷艺术的瑰宝,被誉为"土与火的艺术,力与美的结晶"。它精选特殊性能的陶土,胎质细腻、精雕细镂、纯朴庄重、古色古香,有着独特的审美价值。

景宁惠明茶:浙江传统名茶,古称"白茶"。浙江景宁惠明茶产于唐咸通二年(861)惠明和尚主持建筑的惠明寺山地,茶以僧名。今存一株苦白茶,树龄已逾千年,为稀罕茶树之一,叶子乳白带淡黄,冲泡后呈白色,人谓"仙茶"。清乾隆五十四年(1789)起,惠明茶列为贡品,并多次获得国内、国际金奖。惠明茶外形细紧,稍卷曲,色绿润,具有回味甜醇、浓而不苦、滋味鲜爽、耐于冲泡、香气持久等特点，是名茶中的珍品。

缙云黄花菜：缙云黄花菜以蟠龙种为最佳，黄花菜干品为淡黄色或金黄色条状，有光泽、肉质丰厚，营养丰富，含 18 种氨基酸，具有清热解毒、安神健胃、活血利尿消肿等效用，是家庭食用佳品。

油炒知了：丽水地处浙南山区，每年的盛夏时节知了特别多，山民捕获后纷纷送往菜市场兜售。知了去头去翅膀，下油锅伴以葱姜蒜炒之。入夜后每个排档都以其作为头牌。远远地就能闻见香味。如果世上有山珍，那这就绝对算一例。老百姓家里烧知了也很简单，主要是红烧和油炸的两种，可以根据自己的口味放辣椒等调料。在丽水，几乎每家每户以及所有的酒店、排档都少不了知了。吃知了已经成了丽水独特的地方产业和招牌，成了夏天丽水人舌尖上的美味。

百菇宴：庆元菇城宾馆首创的特色菜肴。百菇宴以食用菌及野味为主料，采用炸、熘、爆炒薰炖、烩蒸等多种手法，兼具二百多种味道，精品纷呈，口感、色香、味形均臻上乘，有清淡宜人之南味，兼有鲜香咸辣之北味，极具营养保健之功效。

小试牛刀 口+口

请辨认以下图片，并从中选择一幅来介绍。

大战群儒

1. 美食分享：搜集自己家乡的特产美食，并与同学分享。

2. 参考下列"缙云烧饼"导游词范例，课外分小组搜集资料，撰写家乡代表美食或特产的导游词，字数控制在400字左右，并练习讲解。

导游词范例

缙云烧饼

各位游客，在中国的美食版图中，有那么一批野味珍馐，它们选用最天然的食材，辅以最传统的手艺，流淌着最醇厚的美味，让人垂涎欲滴，就比如我们缙云的烧饼，亦称桶饼（见图3-16）。传说缙云烧饼的工艺，是从轩辕黄帝那儿学来的。轩辕氏又称缙云氏，当年在缙云仙都的鼎湖峰架炉炼丹，饿时就和个面团，贴在炼丹炉内壁烤着吃，香飘四野。轩辕氏炼丹成功，骑龙升天。当地百姓利用那炼丹炉，学着轩辕氏烤烧饼，如此世代承传，就成了风味独特的缙云烧饼。

缙云烧饼主要原料是面粉、夹心肉、霉干菜、面娘（已经发酵的面粉）以及少量食盐、饴糖、芝麻作为调味料。刚刚出炉的烧饼，还冒着火气，饼皮金黄色，半焦的糖油闪着光亮，满天星一样的芝麻，既是香料，又是点缀，饼未入口，先觉色泽养眼，喷香

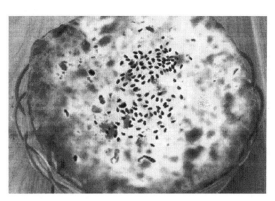

图3-16　缙云烧饼

扑鼻。说到这里大家一定馋得直流口水了，但是千万别急着往嘴里送，因为啊，刚出炉的烧饼火烫无比，必须等它稍稍地冷却一下，烧饼师傅才用一张小纸片，半包着烧饼递到你的手心。而你接上这样诱人的烧饼，还不能像猪八戒吞吃人参果，那会烫坏你的嘴巴，必须先小心翼翼在圆饼边上咬出一小口，再忍一口气，对着张开小嘴的烧饼吹，把里头的热气吹出一些，才可以放心享用。有人说缙云烧饼火气大，其实不然，因为烧饼里的霉干菜，用芥菜做原料，性凉。好不容易等来的烧饼，终于吃在嘴里，表皮松脆，内质软糯，麦香、肉香、葱香、芝麻香、糖油香，经高温烧烤熔成一气，咸淡适宜，油而不腻，再加糖油，淡淡的甜赛过味精，慢慢咀嚼，细细品味，真比轩辕黄帝还要享受！

第五节　丽水购物娱乐

去青田喝咖啡

青田不产咖啡，但在青田能品尝到全世界最纯正的咖啡，这里有大大小小近百家咖啡店、咖啡吧。生活在世界122个国家和地区的22万华侨，把一个山乡小城演绎成东西方文化的交汇点。300多年前，青田人肩挑背扛"图书石"，闯世界，他们不断挣回外汇的同时，也不断地把各国的特产和文化带回家乡。西方的建筑、西方生活方式，在侨乡青田处处可见。咖啡，这种最具西方文化特色的饮品，和东方的茶文化一样，博大精深。经过一代又一代华侨的不断引进，特别是改革开放以后，年青一代华侨激增、对西方文化的快速融合，给侨乡带回了名副其实的"咖啡联合国"称号。他们带回咖啡的最初目的仅仅是让家乡的亲友品尝一下来自各国的不同风味、不同风格的咖啡。产地从非洲的、南美洲的、巴西到印度尼西亚的，原料从咖啡豆，咖啡粉，到咖啡，口味从意大利式、美式，到日本式等。各种各样咖啡的磨制加工方式方法及品尝方法，还有制作咖啡的工具等，凡是跟咖啡有关的这里都有。

各式各样的咖啡馆、咖啡店、咖啡吧等经营喝咖啡的场所，不断地从侨乡的大街小巷，社区弄堂冒出，如欧洲之星、现代名人会所、热点咖啡、名人名石等名称的咖啡店，总之有点名称的街、巷都有。临江路简直成了咖啡一条街，咖啡的世界。随着咖啡店的增多，青田人对咖啡的口味、品质、产地的要求也随着增高，店家的竞争也日益激烈，追求地道口感纯正不说，连加工中的每个细节，每个动作都要求做到位，所以"能喝到世界上最地道的浓咖"成为青田的一张金名片。来到青田的客人，都会到咖啡厅咖啡店坐一坐，喝一杯其他地方喝不到的纯正咖啡。青田人的业余生活已和咖啡、石头，紧密地联系在一起了，这也是华侨之乡、石雕之乡一道独具特色的风景线。

中国青瓷小镇

各位游客，著名古陶瓷专家陈万里先生曾经说过，一部中国陶瓷史，半部在浙江；一部浙江陶瓷史，半部在龙泉。在我们龙泉还有这样的说法：一部龙泉青瓷史，半部在上垟。而现在我们要参观的就是被誉为"中国青瓷小镇"的上垟镇。上垟镇位于龙泉市西37公里处，为浙、闽、赣结合部，三省交通要塞。自古商贸繁荣，民间制瓷盛行，无论男女老少，人人动手，户户设窑，是现代龙泉青瓷的发祥地，也是龙泉青瓷最集中的产区。

"中国青瓷小镇"项目总投资为1.2亿元，从2012年开始，分三期投入建设，以上垟镇龙泉瓷厂旧址为核心，整合周边资源，深入挖掘近现代龙泉青瓷文化内涵，形成以点、线、面相结合"一核一轴六片"的开放式、生态化人文景区。

图 3-17　文化墙

各位游客，大家现在看到的这面用黄泥土砌成的墙，叫作"文化墙"（见图 3-17），在墙上分布着各种瓷片，而这些瓷片中历史最悠久的是北宋时期烧制的，通过它也让我们对龙泉青瓷有个初步的认识。而我们现在所参观的曾芹记古窑坊是龙泉保存较完整且至今仍在使用的唯一一座古龙窑。由于科技的发展现代青瓷一般采用液化气窑烧制，操作简便快捷，成品率高，所以传统龙窑烧制青瓷的工艺已渐渐退出，保存完好的古龙窑也少之又少。但在曾芹记古窑坊藏着一座迄今窑火未断的百年古龙窑（见图 3-18），它有着 170 多年的历史，这个古龙窑总长 32 米，共有 22 间窑，傍着山坡从下而上筑建，一次可烧青瓷一万余件。别看它一次烧的数量多，每次烧窑的准备时间就需要至少三个月，除了准备好青瓷之外，还要准备上千个匣钵和四万多斤的柴火。大家现在看到的这个龙窑是用砖头和黄土堆砌而成，烧窑当天窑门用砖头封住，工人们通过观察火焰的颜色，将木柴通过侧面投柴口投掷窑内，直到温度烧到 1300 多度。在这样的高温窑边工作 40 个小时，那种辛苦可想而知。2008 年曾芹记古窑坊被列为浙江首批非物质文化遗产传承保护基地。

"披云一日，青瓷千年"来到青瓷小镇，不能不去的就是披

图 3-18　传统龙窑

云龙泉青瓷文化园。青瓷文化园是青瓷小镇的核心，2010年被评为"浙江省非物质文化旅游经典景区"。园区规划面积200多亩，按功能分为游览区、体验区、休闲购物区三块。游览区以国营龙泉瓷厂旧址为中心，包括国营龙泉瓷厂的工业厂房、国营瓷厂陈列馆、近现代龙泉青瓷发展史、工艺美术大师作品展等。其中国营龙泉瓷厂是新中国龙泉青瓷主要生产基地。1957年，周恩来总理在全国轻工业会议上提出：要恢复中国历史五大名窑，尤其是龙泉窑和汝窑生产。当时龙泉县政府在龙泉上垟镇成立了国营龙泉青瓷厂。当时，国营龙泉瓷厂占地120余亩，拥有固定职工2000多人，是丽水地区规模最大的企业，生产的青瓷销往世界各地，产品成为国礼，赠送世界各地友人。1998年，国营龙泉瓷厂实行改制，被数家企业并购，国营龙泉瓷厂也因此退出历史舞台。

改制后的企业继续以生产各种青瓷产品为主。2009年，披云购得国营瓷厂青瓷研究所地块，并投入巨资，对原瓷厂建筑、设备、厂房进行保护性修复，使之恢复原貌，龙泉瓷厂开始焕发新的活力。现在，上垟国营瓷厂已经成为龙泉青瓷文化旅游新的亮点。

50多年过去了，20世纪50年代建的上垟国营瓷厂办公大楼、青瓷研究所、专家宿舍，生产厂房、大烟囱、龙窑、倒焰窑、水碓等完好如初。园区每年吸引大批游客参观考察。上垟国营瓷厂也因此成为龙泉青瓷发展中的一段独特历史。

游览区的核心内容为"青瓷寻踪"历史舞台剧（见图3-19），包括"瓷之国、瓷之史、瓷之旅、经典影院、百年龙泉"五个篇章。舞台以国营龙泉瓷厂遗址为背景，结合龙泉的风土人情、地域特色，历史人物、事件等，再现了龙泉1600年的青瓷文化发展的轨迹，让游客充分感受千年龙泉青瓷的魅力。同时结合青瓷制作、游客体验互动、艺术欣赏、茶艺休闲等多种形式，成为当代青瓷文化独特的展示平台。只要在这里待上一天，大家就能了解到千年青瓷文化发展史。

图 3-19   青瓷寻踪

在青瓷文化园游客们最喜爱的还是体验区（见图 3-20），因为在这里大家可以自己体验青瓷的制作。整个体验区包括青瓷手工作坊、创意基地、青瓷传统技艺传承中心，青瓷会所、青瓷研究所广场等，是青瓷研发、制作中心，为游客提供青瓷制作体验场所。其中最受游客喜欢的是龙泉青瓷手工坊，面积 800 平方，是披云"鉴真文人"系列青瓷生产基地，以生产高档手工瓷为主。同时手工坊设有游客体验区，可以容纳 150 余人制作、体验青瓷。园区配有专业的指导老师，辅导游客制作、体验。游客可以根据自己爱好制作各种青瓷产品，由工厂烧制后邮寄给顾客。大家待会就可以亲自去体验一番。

图 3-20　青瓷文化园体验区

　　休闲区是青瓷文化园的配套设施，餐饮、娱乐、住宿、会务等服务项目一应俱全，包括国际交流中心、现代青瓷艺术馆、购物街、梦幻谷、国际陶艺村等，为游客提供等项目（见图 3-21）。青瓷文化园国际交流中心包括国际村和交流中心大楼，其中国际村拥有客房 50 余间，大小会议室、配餐厅、休闲茶座、棋牌室等，适合举行中小型会议，及艺术交流活动。同时，中心设有 1000 多平方青瓷工作室，可以同时满足几十位艺术家工作、创作、生活需求。国际交流中心大楼是青瓷小镇标志性建筑和最大的公共活动场所，也是"当代青瓷艺术双年展"固定会址。它也将成为世界青瓷文化交流的舞台。中心还将定期举办各种文化交流、艺术创作活动，以推动世界青瓷艺术的发展。

图 3-21　青瓷文化园休闲区

　　目前，中国青瓷小镇聚集 40 多家青瓷生产企业，数十位陶瓷家在上垟设立工作室，并成为中国美院、景德镇陶瓷学院、浙师大美术学院等高校实习基地。披云青瓷文化园还将每年邀请世界各地陶艺大师来小镇创作交流，举办艺术交流活动，以此来提升龙泉青瓷艺术水准。

　　世界青瓷在中国，中国青瓷在龙泉，上垟作为现代龙泉青瓷发祥地，已经成为中国青瓷文化的象征，是名副其实的中国青瓷小镇。

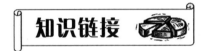

丽水娱乐活动

仙都旅游文化节

节庆特色：公祭大典、登山竞技、攀岩比赛、民间文艺表演等。公祭轩辕黄帝大典会是活动的核心内容。另外，在缙云仙都还将举行民间文艺踩街活动、仙都啤酒狂欢节等。

节庆地点：仙都

节庆时间：农历九月初九重阳节

青田石雕文化旅游节

节庆特色：青田石雕精品展示会，石雕创作大比武，石雕作品拍卖会，中国宝石研究会，青田华侨世界名吃烹饪展示品尝会；传统的龙灯、渔灯、水灯、百鸟灯、采茶舞等表演展示；龙舟、划帆船、30公里竞游比赛等。

节庆地点：中国石雕城

节庆时间：9~10月

畲乡风情旅游节

节庆特色：古朴粗犷的畲族歌舞，喜乐吉祥的畲家婚俗，热闹风趣的赛歌盛会，古老鲜艳的畲族服饰，引以为荣的惠明茶道。还有踩街、篝火晚会、民间手工艺表演、畲族风情摄影展等。

节庆地点：景宁、丽水东西岩

节庆时间：农历三月三

国际摄影文化节

节庆特色：摄影文化节包括中国国际展示摄影艺术展览、国际摄联收藏品作品展览等，并安排了根雕、折纸、瓯江奇石、巴比松油画、畲族服饰五大文化类展览。还有"畲乡印象""龙腾狮舞闹莲城"两大丽水特色民间文化活动。

节庆地点：浙江丽水

节庆时间：11.5-11.8

小试牛刀

丽水，向来以青山绿水闻名。生态是丽水的最大优势，丽水市政府以保护生态环境和发挥生态优势为基础，以优化养生环境、发展养生经济、弘扬养生文化为重点，以生态休闲旅游景区、休闲养生（养老）基地和养生乡村建设为载体，形成"食养""药养""水养""体养""文养"五大特色养生品牌，努力把丽水建设成为特色鲜明、国内外知名的现代化休闲养生城市和养生福地。请搜集资料，介绍丽水的"五养"文化。

大战群儒

丽水是休闲养生度假胜地，如果外地游客来丽水，你会为他推荐什么娱乐项目？并具体介绍该娱乐活动。

情境演练

请根据导游词的要求对以下材料进行改编。

材料：

占据着整个琵琶岛的"冒险岛水世界"定位于亚洲顶级水乐园，项目占地近20万平方米，由世界著名的加拿大白水公司进行概念设计，围绕中世纪欧洲维京驯龙主题，有专属的跌宕起伏、扬善除恶的故事主线，同时配套各种主题人物卡通形象。冒险岛水世界将划分为失落密符区、斯嘉德部落区、奥丁城堡区、暴雪湾区四个主题区，还将引进国际化员工，突出特色服务品质，打造休闲游乐服务的旗舰品牌。冒险岛水世界故事线"勇士的足迹"，以主题漂流河为主线索，将全岛各个景区联系在一起，形成相互联系、节奏起伏跌宕的场景，为主题形象的创意提供清晰的文化背景。故事讲述的是维京远古时期，斯加德部落被一只巨龙侵扰，它攻击村民，烧毁房屋，掠夺家畜。斯加德勇士向巨龙发起挑战，但血肉之躯难抵巨龙的淫威，最终徒劳而返。这一切被奥丁神看在眼里，他被勇士们的精神打动，赐予他们勇士之剑。为避免勇士之剑落入敌对部落之手，奥丁神把勇士之剑藏在安全的地方，并把它的线索刻在勇士密符上。智慧、勇敢、信仰的勇士提尔和芙丽儿根据勇士密符，经过水洞历险、船厂惊奇、大海战等，历尽磨难之后，失落勇士终于来到勇士之剑的藏地，那不是别的地方，正是斯加德部落第一次战胜巨龙的地方。凭借坚不可摧的勇士之剑，斯加德部落打败了巨龙，恢复往日安详的生活。

集娱乐性、新奇性、刺激性于一身，冒险岛水世界将进口最新顶尖水上游乐设备，且全部由世界顶级水上乐园设计和设备供应商提供，其中包括：亚洲第一台，世界第二台，拥有世界最先进的滑道技术，近 400 米长的水磁力过山车；亚洲首度引进的"冲浪卷模拟器"；五星刺激指数的垂直人体滑道和大回环组合；全球水上乐园最经典的六道疾驰竞赛滑道；由世界知名水上设备设计公司加拿大 PROSLIDE 公司设计，并荣获 2007 年"全球最佳水上游乐设备"金票奖的旋风大喇叭巨兽碗组合；由英国 Murphy's Waves 公司设计，最高可造 3.3 米的巨浪，带来海啸般紧张和刺激的造浪池；由加拿大 White Water West Industries Ltd（白水公司）设计，家人共同参与的项目——巨型水寨；享誉全球水上乐园最受欢迎的家庭型项目，主题漂流河、全龄层四组合滑道；及专为儿童打造的戏水池等等。

同时，造浪池全景式维京主题特效演出、维京主题水战车巡游狂欢及来自巴西、法国、俄罗斯等多个国外演艺团队将带来激情四射的水上梦幻秀等。高密集度的设备和维京主题的国际演艺，必将满足儿童、青少年、家庭以及追求新鲜与刺激的年轻人群体的多样梦幻般体验需求。

参考文献

[1] 丽水市旅游局.丽水市导游词汇编 [M].哈尔滨：黑龙江出版社，2014.

[2] 庄育平，胡建金.诗画丽水 [M].香港：中国文化艺术出版社，2008.

[3] 吴仲银，谭怡.亲，我在丽水 [M].北京：中国广播电视出版社，2014.

[4] 作家笔下的海峡二十七城丛书编委会.作家笔下的丽水 [M].福州：海峡文艺出版社，2010.

[5] 吴传彪.浙江丽水丛书 [M].扬州：广陵书社，2013.

[6] 胡佩.丽水文化名村 [M].杭州：西泠印社，2014.

[7] 郑晓英，虞红鸣.丽水·绿谷文化丛书：秀山丽水＋青田石雕＋龙泉宝剑 [M].杭州：西泠印社，2006.

[8] 吕鸿.处州文化与地方文献 [M].杭州：浙江大学出版社，2008.

[9] 蔡敏华.浙江旅游文化 [M].杭州：浙江大学出版社，2005.

[10] 朱红霞，余曙初.新编导游业务实训教程 [M].杭州：浙江大学出版社，2012.

[11] 全国导游人员资格考试教材编写组.导游实务 [M].北京：旅游教育出版社，2013.

[12] 浙江省旅游局．浙江省现场导游考试指南 [M].北京：中国旅游出版社，2012.

[13] 李娌．导游服务案例详解（结合《旅游法》剖析案例版）[M].北京：旅游教育出版社，2014.

[14] 赵冉冉．导游随身必备：新导游必看的120个带团案例 [M].北京：中国旅游出版社，2012.

[15] 王连义．幽默导游词 [M].北京：中国旅游出版社，2003.

[16] 李海玲．导游讲解技能速成：中华名句训练 [M].北京：中国旅游出版社，2010.

[17] 蔡敏华．旅游文化 [M].北京：高等教育出版社，2009.

[18] 翁丽芬．丽水导游词 [M].上海：上海财经大学出版社，2014.